BRUNO FRANGUELLI, SJ

CB133903

São Pier Giorgio Frassati

Fé, compromisso político e santidade

Edições Loyola

EDITORA SANTUÁRIO

Direção editorial:
Edvaldo Manoel Araújo, C.Ss.R.

Conselho editorial:
Domingos Sávio da Silva, C.Ss.R.
Jefferson Lucas Severino, C.Ss.R.
Jônata Schneider de Andrade, C.Ss.R.
Luiz Almir Gonçalves, C.Ss.R.
Márcio Fabri dos Anjos, C.Ss.R.
Marco Lucas Tomaz, C.Ss.R.
Thiago Costa Alves de Souza, C.Ss.R.

Coordenação editorial:
Ana Lúcia de Castro Leite

Revisão:
Luana Galvão

Diagramação e capa:
José Antonio dos Santos Junior

Dados Internacionais de Catalogação na Publicação (CIP)
de acordo com ISBD

F827s Franguelli, Bruno, SJ

São Pier Giorgio Frassati: fé, compromisso político e santidade / Bruno Franguelli, SJ. - Aparecida : Editora Santuário, 2025.
96 p. ; 14cm x 21cm

Inclui bibliografia e índice.
ISBN: 978-65-5527-540-7

1. Religião. 2. Cristianismo. 3. Biografia. 4. Bruno Franguelli, SJ. I. Título

2025-3989 CDD 230
CDU 23

Elaborado por Vagner Rodolfo da Silva - CRB-8/9410

Índice para catálogo sistemático:
1. Religião : Cristianismo 230
2. Religião : Cristianismo 23

2ª impressão

Todos os direitos reservados à **EDITORA SANTUÁRIO** – 2026

Rua Pe. Claro Monteiro, 342 – 12570-045 – Aparecida-SP
Tel.: 12 3104-2000 – Televendas: 0800 - 0 16 00 04
www.editorasantuario.com.br
vendas@editorasantuario.com.br

Edições Loyola
Rua 1822 nº 341, Ipiranga
04216-000 São Paulo, SP
T 55 11 3385 8500/8501, 2063 4275
editorial@loyola.com.br, vendas@loyola.com.br
loyola.com.br, @edicoesloyola

A todos, principalmente aos jovens,
que se "rebelam" contra a guerra,
a miséria, a injustiça
e buscam na fé sentido e sustento para seguir
escalando as mais altas montanhas,
sem se cansar,
de esperança em esperança!

Em Pier Giorgio, o compromisso social,
o amor pelos pobres,
a responsabilidade, diante da miséria
dos outros, eram tão genuínos,
de uma profundidade e de um espírito
de sacrifício assim radical,
de fazer dele um caso excepcional entre
muitos jovens cristãos de sua época.

Karl Rahner

Prólogo

Há biografias que informam. Outras que edificam. Mas há algumas – raras – que inflamam a alma. O livro que o padre jesuíta Bruno Franguelli nos oferece é uma dessas obras que ardem, não apenas pela beleza do texto, mas pela profundidade do olhar com que contempla e nos revela a santidade singular de Pier Giorgio Frassati: um jovem que, antes de ser proclamado santo nos altares, já era testemunho vivo do Evangelho nas montanhas e nas ruas, nos sacrários e nos cortiços.

Frassati não é um santo de vitrais – desses que parecem inatingíveis –, mas um ícone encarnado daquilo que o Concílio Vaticano II proclamou como vocação universal à santidade: alguém que viveu intensamente a fé, no concreto do mundo, sem jamais negociar sua interioridade com as lógicas do poder, da indiferença ou da comodidade. Sua vida foi uma perfeita harmonia entre adoração e ação, entre contemplação e compromisso social, entre liturgia e luta pelo pobre.

O jovem padre Bruno Franguelli, com a fineza de um pesquisador doutorando em comunicação, pela Pontifícia Universidade Gregoriana, e, sobretudo, com o fervor de um jesuíta que encontrou na vida desse leigo santo um reflexo do próprio Cristo, entrega ao leitor mais do que uma biografia: entrega um caminho espiritual para os tempos atuais. E isso é um feito extraordinário, porque não se trata aqui de mais uma narrativa edificante, mas de uma leitura lucidamente contextualizada, que traduz Frassati para o século XXI, sem diluí-lo, sem banalizá-lo e sem removê-lo de sua radicalidade evangélica.

Ao percorrer estas páginas, o leitor não encontrará apenas fatos, datas e feitos. Encontrará o homem inteiro, o "homem das bem-aventuranças", como disse São João Paulo II, mas também o homem do conflito, do silêncio, da dúvida, da entrega, do sacrifício que não grita, mas ama.

Frassati é apresentado aqui com a densidade que merece: como um símbolo da juventude mística e militante, que não separa oração de justiça, nem os pobres da presença real de Cristo na Eucaristia.

A leitura deste livro me confrontou como teólogo, inquietou-me como sacerdote e me curou como psicanalista, porque aquilo que Bruno Franguelli nos revela não é apenas a biografia de um jovem canonizado, mas um espelho de nossas omissões.

Frassati é a pergunta viva que Cristo lança a nosso século: "E vós, que fazeis com os pobres?"

Nesse sentido, este livro também é um gesto de coragem e profecia. Coragem, porque resgata a imagem de um santo social – o que sempre incomoda estruturas eclesiais mais acomodadas. Profecia, porque coloca nas mãos da juventude um modelo possível e desejável de santidade encarnada. Bruno não nos propõe um mito inalcançável, mas um companheiro de jornada, alguém que nos estende a mão do alto da montanha e diz: "A santidade é possível, mesmo para ti".

Ao escrever este prólogo, faço-o com a alma profundamente comovida.

Agradeço ao amigo irmão Pe. Bruno Franguelli, SJ, a ousadia de recontar a vida desse santo, com tanta fidelidade e atualidade, e rendo graças ao Espírito Santo, que suscitou em Pier Giorgio Frassati esse fogo jovem, que agora se alastrará ainda mais, após sua canonização.

Este livro é um dom. E, como todo dom verdadeiro, não pertence apenas a quem o escreveu, mas a toda a Igreja – especialmente aos jovens, aos pobres e aos que ainda acreditam que a fé pode transformar o mundo.

"*Verso l'alto*", dizia Frassati.

Este livro é um impulso: subamos com ele!

Pe. Fábio Marinho Borges

"Simplesmente um Cristão de Verdade"

Palavras do amigo Karl Rahner

O célebre teólogo jesuíta Karl Rahner conheceu pessoalmente Pier Giorgio Frassati e com ele construiu uma luminosa e cordial amizade. Frassati era muito querido entre a família Rahner e foi seu memorável hóspede. Entre os Rahner, o jovem Pier Giorgio esteve para desfrutar de uma incrível hospitalidade e para se dedicar ao aperfeiçoamento da língua alemã. Segundo testemunha a irmã do jovem santo, Luciana Frassati, os dias em que o irmão esteve entre eles foram inesquecíveis. Karl Rahner, que depois se tornaria um dos teólogos mais influentes do Concílio Vaticano II, era apenas três anos mais novo que Frassati. Cinquenta anos após a morte de Pier Giorgio, o teólogo foi convidado a prefaciar uma biografia escrita por Luciana Frassati[1] que foi a primeira biógrafa do jovem santo. Eis o comovente prefácio publicado, pela primeira vez, em 1975:

> Célebres escritores, como Papini, La Pira e o cardeal Lercaro, escreveram prefácios a livros sobre Pier Giorgio Frassati. Se para esta sua biografia realizo uma pequena introdução, não é para dar mais importância a este livro, mas porque pertenço àqueles poucos alemães ainda vivos que conheceram pessoalmente Pier Giorgio Frassati. Mesmo após cinquenta anos, suas memórias ainda permanecem vivas em mim. Com a finalidade de avaliar justa-

[1] Frassati, L. *Pier Giorgio Frassati*: I giorni della sua vita. Roma: Ed. Studium. 2019.

mente a vida e a figura de Frassati, bastará aqui dar algumas breves indicações.

Quando eu retorno aos anos após a Primeira Guerra Mundial, com as múltiplas iniciativas, os movimentos no mundo e a Igreja daquele tempo, e repenso a impressão que Frassati deixou em mim (antes que soubesse sobre ele o quanto hoje eu sei), devo confessar, francamente, que eu o julguei como apenas um entre tantos outros cristãos daquele nosso tempo. À época do movimento juvenil católico, quando a Igreja estava nos corações, havia tantos como ele! Essa minha impressão deve ser entendida como um louvor e não como uma falta de apreço.

Frassati representava o jovem cristão puro, alegre, dedicado à oração, aberto a tudo o que é livre e belo, atento aos problemas sociais. Um jovem que trazia no coração a Igreja e seus destinos, e de uma espontaneidade serena e corajosa. Jovens como esse merecem toda a admiração, ainda que sejam muitos e na época existiam muitos assim (mas a primavera dessas maravilhosas promessas trouxe um outono digno deles?). Pier Giorgio Frassati era, entretanto, muito maior. O leitor que está por ler esta *Vita Sanctorum* descobrirá. Por que ele era muito maior? Gostaria de explicar de maneira simples e franca. Certamente com um olhar superficial, seu mundo interior e seu estilo de vida não oferecem nada de particularmente original – algo que ele não pensava nem mesmo de longe! Jovens cristãos de seu temperamento, graças a Deus, havia muitos na Alemanha, na França, na Itália.

Estou convencido, porém, de que poucos jovens, provenientes de um ambiente liberal da grande burguesia, tornaram-se como Pier Giorgio Frassati, sem que seja possível atribuir esse fato ao comum mecanismo psicológico da rebelião de filhos contra seus pais. Aqui está a singularidade: que esse espírito de rebelião não se encontra nele. Frassati é um cristão, simplesmente isso, e sua contestação consiste somente no fato de o ser de uma maneira absolutamente espontânea, como se isso fosse uma coisa espontânea para todos. Ele tira a força e a coragem de ser assim, como é, não da oposição a seus pais, não de uma diagnose e de um prognóstico da cultura da época, ou de coisas semelhantes, mas exatamente da realidade cristã: que Deus existe, que aquilo que sustenta é a oração, que o sacramento nutre o eterno no homem, que todos os homens são irmãos.

Podemos, com segurança, dizer que o caráter prático e ausente de romantismo, a inteligência apenas "normal", a rigidez do ambiente familiar italiano teriam tornado "a priori" impossível em Pier Giorgio aquele cristianismo, que em seu despertar, após a Primeira Guerra Mundial, era ainda condicionado a um ciclo cultural. E, diferentemente disso, ele se torna um cristão de máxima espontaneidade, um católico da Igreja, sem por isso dizer amém a todas as *tradições eclesiásticas*, cheio de zelo apostólico, pronto a ajudar de maneira concreta o próximo. E tudo isso não pode ser explicado nem pela situação familiar (como é testemunhado de maneira impressionante neste livro[2]), nem por meio da situação cultural e religiosa de então (mesmo tendo conhecido pessoas como Sonnenschein, Pe. Sturzo etc.). Aqui se percebe o modo misterioso como a graça de Deus não é algo deduzível: eis improvisadamente de novo um cristão, em um lugar onde o ambiente induzia a pensar que algo do gênero pertencia ao passado. Eis, alegre, sem se tornar um partido que se separa ou que busca, a todo custo, ser diferente dos outros; ele se torna – este símbolo! – o intermediário de reconciliação daquilo que existe de contraditório na vida de seus pais. Seria exagerado se eu afirmasse que naquela época jovens assim fossem muito raros?

Quero acenar brevemente também a uma outra coisa. Naquele tempo todos nós tínhamos interesse pelos problemas sociais; era algo natural. Mas esse compromisso social, esse amor pelos pobres, essa responsabilidade diante da miséria dos outros eram (ou se tornaram?) em Pier Giorgio tão genuínos, tão profundos e de um espírito de sacrifício tão radical que fizeram dele um caso excepcional, entre muitos jovens cristãos de sua época. Naquela época, muitos, graças a Deus, participavam das conferências de São Vicente; mas poucos seriam aqueles que, sofrendo os tormentos de uma poliomielite, teriam ainda pensado no dever diante da miséria dos pobres. Aqui, como em outras circunstâncias que o leitor reconhecerá facilmente, a vida de Pier Giorgio, tão rica, tão serena, quase despreocupadamente alegre (mesmo com todos os problemas familiares), passada andando a cavalo, esquiando, na montanha, lendo Dante e outros poetas, na companhia dos amigos e das garotas, entre canções, nos afervorados discursos políticos, nas lutas com os policiais e tantas

[2] Aqui Rahner revela que ficou impressionado com os relatos de Luciana Frassati sobre os maltratos que Pier Giorgio sofreu em casa.

outras belas coisas, ainda da flor da juventude (lembro-me de que ele mesmo narrava com entusiasmo esses fatos enquanto mostrava suas fotos), adquire improvisadamente uma profundidade e uma seriedade, que provêm da absoluta e suprema fé cristã em Deus e na vida eterna, que toca o coração do leitor.

Não a todos Deus concede a graça de morrer ainda jovem, quando tudo é promessa matinal e início imaculado. E nem todas as mortes prematuras representam o cumprimento de tal início. Mas aqui o início imaculado foi aceito, a cruz do Senhor, que esse início promete como ameaça, tinha sido já abraçada e a morte aceita voluntariamente. Porém não é de acreditar que a imagem desta vida seja somente obra daquela melancolia transfiguradora que a morte prematura de um jovem suscita. Por aquilo que nos é dado a conhecer, que não podemos nos fazer juízes, aqui estamos diante de um homem que viveu seu cristianismo com uma naturalidade que quase nos assusta e com uma problematização que consegue nos envolver e nos convida (na realidade, diante de seus problemas, ele, talvez em lágrimas, imergia-os na graça da fé): rezar, alimentar-se do Pão da vida e da morte, amar seu próximo. E não nos chocará o fato de que, quando ele busca exprimir aquilo que tem dentro de si, começa a gaguejar com frases da piedade tradicional. Aqui, também estas palavras, se lidas em sua luz correta, tornam-se novas.

Com meio século de distância, tantas coisas mudaram! Mas exatamente porque aqui, mesmo com o inevitável estilo do tempo, no fundo, aquilo que se viveu outra coisa não é que uma jovem existência cristã. Este livro, que descreve uma vida que, cinquenta anos atrás, entrou na perfeição de Deus, merece hoje ser lido e meditado. Existem muitos cristãos, e existem muitos que, com a graça de Deus, viveram e testemunharam sua fé de modo heroico – como a Igreja costuma dizer, com um conceito por si não muito cristão. Mas, desses exemplos, não temos nunca o suficiente. Nenhum deles é um fenômeno natural, mas sempre um milagre da graça divina. Se o leitor ler este livro com disposição de ânimo, encontrará um verdadeiro cristianismo heroico. Eleve, então, um hino à graça divina e reze a Pier Giorgio Frassati para que ele interceda, diante de Deus, por ti e por todos nós.

O Rejeitado da Família

"Em casa, Pier Giorgio não recebia nenhuma ajuda, conforto ou estímulo a sua fé. Um dia, ao se atrasar para o almoço, a mãe comentou: 'Sabe, é sempre ele... tem a cabeça nos ares, recorda-se das missas e não de vir à mesa. Está lá no quarto dele'."

(*Luciana Frassati*, irmã de Pier Giorgio)

No jardim da infância, entre as primeiras e maravilhosas fábulas que, frequentemente, nos ensinam, certamente se encontra aquela do "Patinho feio", escrita pelo dinamarquês Hans Christian Andersen e publicada, pela primeira vez, em 1843. História simples, mas que esconde riquíssimos significados. Dificilmente, alguém escapa de sentir-se rejeitado em algum momento da vida: por algum motivo estético, psicológico ou intelectual, de personalidade, de gênero ou condição sexual, ou por qualquer outra situação. A dor causada por essas experiências difíceis pode ser ainda maior quando são provocadas por nossos entes mais queridos, principalmente por aqueles que deveriam nos proteger: nossos pais. Ao enfrentar momentos difíceis de desprezo e abandono, certamente pode nos vir como recordação o ensinamento de resiliência proposto por esta fábula. Seu ensinamento pode nos ajudar a superar tempos difíceis e, a despeito de tudo, seguir em frente. Recordemos brevemente a história:

Era uma vez... uma pata que estava prestes a se tornar mamãe. Ela botou vários ovos e esperou ansiosamente pelo dia que eles chocassem para finalmente conhecer seus lindos patinhos.

O grande dia chegou, e os ovos da mamãe pata começaram a romper-se. Ela deu as boas-vindas a seus novos patinhos com muita alegria. Mas, ao se romper o último ovo, a mamãe pata notou algo de estranho. Daquele ovo, saiu um patinho muito diferente de todos os seus outros filhos. Todos os outros filhinhos eram amarelinhos, mas aquele era cinza.

"Este patinho feio não pode ser meu!", exclamou a mamãe pata. Toda a vizinhança que vinha dar seus cumprimentos à mamãe fazia um comentário depreciativo em relação ao patinho cinza: "Este é feio!" "É sem graça!" "Este é mesmo teu filho?"

As semanas foram passando e, à medida que os patinhos cresciam, aquele patinho cinza tornava-se cada vez mais diferente de seus irmãos. Além de ser cinza, tinha sobrepeso e era tímido. Com isso, ele passou a ser alvo de comentários maldosos feitos por seus irmãos e por todos os outros animais da fazenda. Desse modo, o patinho diferente decidiu ir embora.

Ele tornou-se um andarilho, buscando refúgio entre várias espécies de animais. Foi entre os cisnes que o patinho cinza sentiu-se acolhido, querido e amado. Apesar das notáveis diferenças, ali encontrou uma verdadeira família, e seu coração encheu-se de alegria.

A história termina quando, em um dia de sol, enquanto os cisnes e o patinho passeavam pelo jardim, uma criança notou o patinho cinza e disse admirada aos pais: "Olhem aquele cisne, é o mais belo de todos!"

É belo que essa clássica fábula seja contada a crianças. Esse é um conto que todos deveriam conhecer e sempre se recordar: uns, para evitar qualquer julgamento sobre os indefesos, e outros, para que percebam que, não obstante os maus-tratos, sempre existe um lugar onde podem ser verdadeiramente queridos e amados. Muitos traumas poderiam ser evitados, se houvesse mais tolerância, responsabilidade, aceitação, cuidado, amor. Carregamos na memória um misto de dor e alegria, tanto de experiências bonitas quanto aquelas difíceis, que nos deixam profundas marcas. Mas, apesar dessa realidade, que não está sob nosso controle, podemos sim, por meio de nossas boas escolhas, adquirir um grande espírito de resiliência e superá-las. Isso quer dizer que as situações difíceis familiares não determinam nossa liberdade de decidir aonde queremos ir. A despeito de tudo, a liberdade é um dom inegociável, dom radical de Deus, que jamais deve ser desperdiçado nem entregue nas mãos de ninguém.

Não sabemos se Pier Giorgio Frassati conheceu a história do "Patinho feio". Mas o que podemos afirmar é que sua história poderia ser considerada uma versão real dessa clássica fábula.

A mais importante biógrafa de Pier Giorgio foi sua estimada irmã Luciana. Em uma das mais profundas biografias que escreveu,[1] ela afirmou que seus pais, o Senador e proprietário do jornal "La Stampa" Alfredo Frassati e a senhora Adelaide Ametis, ao saberem que nasceu um menino, ficaram muito frustrados. Esperavam que fosse uma menina, que, de certo modo, ajudaria a consolar-lhes da morte da filha precedente, prematuramente falecida, aos 8 meses de vida. Mas, em vez disso, nascia em Turim, em 6 de abril de 1901, o menino a quem colocaram o nome de Pier Giorgio Frassati. Essa era somente uma primeira rejeição que Pier Giorgio sofria nos átrios familiares, pois muitas outras o acompanhariam até os últimos momentos de sua breve vida.

Sua infância e de sua irmã Luciana foi marcada por proibições, isolamentos e solidões, principalmente provenientes da parte de sua mãe. Tal realidade contribuiu para aumentar entre os irmãos a proximidade e a proteção recíproca. A educação rígida que receberam levava-os forçadamente a aprender, ainda pequenos, a resistência, a disciplina, a obediência e a aceitação de contínuos sacrifícios. Luciana Frassati assim recordou:

> Vivíamos um pesadelo, no qual, por supostas razões higiênicas, sentíamos até mesmo a fome: não nos era permitido nos alimentar fora dos horários das refeições; para nós não havia refrescos, e, quando, cansada de subir intermináveis montanhas, das quais eu descia sempre com febre alta, lamentava-me da sede que sen-

[1] Frassati, L. *Pier Giorgio Frassati*: I giorni della sua vita. Roma: Ed. Studium, 2019.

> tia, minha mãe me encorajava com um: "Sacie-se com sua própria saliva!"[2]

Em relação à fé católica, os pais de Pier Giorgio e Luciana não eram devotos. Alfredo Frassati era um liberal que, embora se considerasse agnóstico, não se mostrava contrário à Igreja. Já a senhora Ametis, embora frequentasse as missas de preceito, era bem crítica à Igreja. Sobre essa realidade, recordou Luciana:

> Sentíamo-nos obrigados à observância abstrata de certas regras: estar imóveis na igreja, seguir "com devoção" as cerimônias religiosas, não faltar às festas de preceito. Era uma religião composta de frases feitas, repetidas sempre, que, se não estivesse em confronto com nossos caracteres particulares, nos teria feito hipócritas ou superficiais. Porém, por detrás do Pier Giorgio "formal", que não se deixava distrair durante a Missa, nem mesmo com a voz do sacerdote estrondosa do púlpito, começou-se a revelar um Pier Giorgio tomado por sua fé e por sua caridade, rico de precoces intuições, no limite entre a poesia e a religião.[3]

Um dia, ao ouvir que o Pai de Jesus morava no céu, o pequeno Pier Giorgio perguntou cheio de pena a sua mãe: "Jesus era órfão?" Em outro momento, o menino, que frequentemente rezava pelas pessoas falecidas, diante de um temporal, acordou durante a noite assustado e perguntou à mãe: "Os mortos tomam chuva no cemitério?"

Dolorosos foram os momentos em que os dois irmãozinhos foram alfabetizados. Ele ouvia continuamente: "Você não sabe escrever!" Ainda assim se esforçava para escrever cartas cheias de afeto aos pais. As primeiras reprovações em exames escolares, sofridas por ele, frustraram as expectativas de seus pais, que nutriam esperanças de que um dia ele fosse herdeiro e diretor da "La Stampa". A irmã Luciana recordou que seu pai o humilhava frequentemente. O senhor Alfredo não perdia ocasião para que Pier Giorgio soubesse o quanto

---

2 Idem, 22.

3 Idem.

sentia-se decepcionado pelo fato de que ela, Luciana, não era o filho homem. Era sempre uma referência às expectativas frustradas em relação ao fato de que, segundo seu pai, ele não tinha a capacidade suficiente para um dia assumir o jornal "La Stampa".

Em uma carta escrita por Adelaide Ametis, endereçada à tia de Pier Giorgio, a mãe se lamentou sobre a situação do filho:

> Meu Deus, eu peço somente para morrer antes que eu tenha de ver o insucesso daquele filhinho! [...] Pier Giorgio não percebe as pequenas faltas que me machucam. [...] Luciana terá seus defeitos, mas é bem diferente dele.[4]

A frustração do senhor Alfredo com o filho Pier Giorgio, um dia, chegou a tal ponto que lhe disse impiedosamente que um filho como ele era impossível querer bem. Sua tristeza foi tão grande que o menino decidiu forjar um desaparecimento. Depois de buscas, inclusive de policiais, por todas as partes, descobriram que ele estava escondido atrás de um móvel dentro da própria casa.

Em outro momento, seu pai, para exaltar aquela que considerava a máxima expressão de respeito filial, apontando para um jovem que conhecia, dirigiu-se ao filho dizendo: "Aquele rapaz é tão bom que se casaria com quem seu pai desejasse". E Pier Giorgio, indignado com o comentário do pai, respondeu-lhe: "Então este rapaz deve ser um belo idiota". Com tudo isso, a relação entre pai e filho ficava cada vez mais difícil.

Tal realidade conflituosa entre eles pode nos fazer recordar o jovem Francisco de Assis, que, opondo-se às exigências do pai, se desnudou e até as roupas do corpo lhe entregou. Um gesto radical que provocou uma distância abissal entre os dois. Alguns biógrafos de Francisco afirmam que a péssima relação com o pai foi determinante até mesmo em seu modo de relacionar-se com Deus. Afirma-se que o santo de Assis, por essa razão, evitava invocar a Deus como Pai,

[4] Idem, 26.

preferindo se referir ao Altíssimo com termos como "Onipotente" e "Bom Senhor".

Como podemos observar, os dias da infância e da adolescência não foram nada fáceis em casa. Luciana Frassati comentou que a personalidade de Pier Giorgio, que inicialmente revidava impulsivamente contra os ataques que recebia, pouco a pouco, foi-se moldando e, a partir de seu desejo de alcançar a virtude, desenvolveu-se nele um incrível dom de autodomínio:

> É claro que, com um físico, uma personalidade assim viril, ainda que fosse apenas um botão a florescer, exprimia-se com reações violentas, que ele depois conseguiria, com o tempo, dominar com "aquela força de vontade que se transforma em virtude" e que então se revela em uma atitude característica do silêncio; quando não queria falar, parecia como uma caixa-forte, da qual só ele tinha o segredo. Também o amor que tinha pela montanha era um sinal de sua vontade de crescimento espiritual, de domínio sobre si mesmo; Pier Giorgio jamais lamentou de fome, nem de sede, nem de cansaço.

Jesus também experimentou profundamente a rejeição entre os seus. Desde seu nascimento, sua presença não foi bem-vinda. Seus parentes chegaram até mesmo a afirmar que ele estava "fora de si" (Mc 3,21). A mesma Nazaré, que viu o menino brincar e crescer em suas ruelas, foi aquela que, mais tarde, tentou assassiná-lo nos penhascos do vilarejo. Não temos relatos de milagres e curas, nem de conversões realizadas na Nazaré de Jesus. Por experiência própria, o Mestre afirmou: "Nenhum profeta é reconhecido em sua terra natal". Porém Jesus "superou" tal rejeição e seguiu seu caminho em paz.

Pier Giorgio Frassati era constantemente rejeitado pelos seus. Mas, como já afirmava Karl Rahner, essa difícil experiência, vivida nos átrios familiares, não congelou seu coração, e ele nunca se revoltou contra os pais. Muito pelo contrário, era amável com eles e, ainda que seus ideais de vida se colocassem em sentido contrário às expectativas dos pais, buscava todos os modos possíveis para não entrar em conflito com eles. Frassati sentia que devia seguir seu caminho, e já se dava conta de que este o levaria para bem longe das perspectivas familiares. Nesse sentido, sua irmã Luciana Frassati afirmou: "O contato direto com Deus logo cedo levou Pier Giorgio a uma maturidade superior que terminou por separá-lo lentamente da família".[5]

Tal maturidade superior, da qual falou Luciana, era expressa principalmente nas atitudes de caridade de Pier Giorgio, que, ainda adolescente, já demonstrava carinho e solidariedade com os pobres. Misteriosamente, já vivia sob o influxo do Evangelho. O jovem pertencia a uma família rica e politicamente influente de Turim. Era, afinal, filho de um senador que também era fundador de um jornal, o "La Stampa". Mas jamais se interessou pelas prerrogativas e comodidades de sua posição social. Seu olhar estava fixo nos necessitados. Sua vida era um constante deixar-se incomodar pela injustiça sofrida pelos mais fracos. Seu amor a Deus era definitivamente indissociável de seu amor ao próximo. E foi assim que, distante de casa, ele descobriu que seu verdadeiro lar era o coração dos pequenos, dos verdadeiros rejeitados deste mundo.

---

[5] Idem, 32.

O Jovem Rico que disse Sim

"Venham, e cada sacrifício de vocês
será recompensado no Céu
porque Jesus Cristo nos prometeu
que tudo aquilo que fizermos aos pobres por seu Amor
Ele vai considerar, como se fosse feito a Ele mesmo.
Não neguem a Jesus esse amor!"
(*São Pier Giorgio Frassati*)

"E Jesus, olhando para ele, o amou."
(*Mc 10,21*)

Enquanto Jesus caminhava, um jovem veio correndo até ele. Jovens costumam ser impacientes, correm, têm pressa. Estão na "flor da idade", têm forças, vontades, sonhos por realizar. O filósofo francês Jean-Paul Sartre afirmava que: "Ser jovem e não ser revolucionário é uma contradição genética". Nesse sentido, é próprio do jovem, até mesmo com certa ingenuidade, investir suas forças no desejo de melhorar o mundo, buscar mudanças e a transformação social. Ser jovem é ser inquieto, questionador. Jovens não costumam aceitar passivamente a realidade existente, são "inconformados".

A etapa da juventude pode ser também caracterizada pelo espírito de rebeldia. Esta palavra tem origem no latim "*rebellio*", que significa revolta. Ela é composta do prefixo "re" – que indica uma ação contra – e o verbo "*bellare*'", que significa lutar e deriva da palavra latina "*bellum*", que quer dizer guerra. Por isso, apesar de habitualmente o termo rebelde ser utilizado negativamente para definir alguém que luta contra uma norma ou se revolta contra esta, podemos, a partir da etimologia da palavra, reconhecer um significado diferente. Desse modo, a rebeldia pode ser também considerada como aquela atitude de quem se opõe à guerra e luta contra qualquer forma de violência ou estruturas que geram conflitos. O rebelde, assim, pode ser concebido como alguém que resiste à guerra e luta contra todas as causas e sistemas que a geram.

Nesse sentido, o jovem do Evangelho, com suas rebeldias, sua coragem, sua pressa, corre desesperadamente ao encontro de Jesus. As Sagradas Escrituras não relatam o motivo daquela corrida. Daquele jovem somente sabemos que era muito rico e que desejava conquistar a vida eterna para si, para sua salvação. Talvez estivesse até mesmo fugindo de situações familiares difíceis, pois bem sabemos que mesmo a comodidade e a riqueza familiar não oferecem, necessariamente, condições de serenidade e alegria. Ou, talvez, o jovem esperasse que, ao lado de Jesus, sem exigências e renúncias, as coisas lhe seriam mais fáceis. Possivelmente, este era um jovem "de bem", coerente com sua fé, religioso, moralmente impecável, cumpridor escrupuloso de todos os mandamentos. Provavelmente, sentia-se até mesmo digno e merecedor da vida eterna. Talvez, em seu "exame de consciência", tudo estivesse regularizado e "em dia", e, em seu modo de pensar, não haveria mais nada a fazer, a não ser alcançar o prêmio dos bons. Mas seu encontro com Jesus foi desconcertante: "E Jesus, olhando para ele, amou-o".

E, amando, Jesus lhe revelou que ainda lhe faltava algo. Fixando o olhar amoroso no jovem, o Mestre lhe disse que ainda precisava crescer: tirar o olhar de si mesmo e olhar para os pobres e, só assim, construir um tesouro nos Céus. Desse modo o desfecho dessa história não foi feliz para aquele jovem. Ele ficou triste e foi embora: "Porque era muito rico".

Na história da Igreja, estamos repletos de exemplos de jovens santos que, apesar de nobres e ricos, deixaram tudo e seguiram Jesus. Basta citar exemplos, como o de São Luiz Gonzaga, que, abandonando os títulos de nobrezas e heranças, entrou na Companhia de Jesus. E, mesmo o mais contemporâneo de nossos santos, o adolescente São Carlo Acutis, proveniente de uma rica família de Milão, mas que manteve seus olhares fixos nos sofredores. Nesse sentido, Pier Giorgio Frassati faz parte dessa preciosa lista de jovens ricos, que escutaram o apelo do Mestre e lhe disseram sim.

Ele encontrou-se com Jesus e não reteve nada para si mesmo. Descobriu sua riqueza nos pobres de sua cidade, Turim. Várias vezes declarou que não tinha nenhum interesse em receber absolutamente nada do abundante patrimônio do pai, que era totalmente desinteressado por seus direitos presentes e futuros e que, uma vez que recebesse todos aqueles bens, destiná-los-ia aos pobres.[1] O jovem sempre chegava a sua casa com os bolsos vazios. Voltava a pé, porque até o dinheiro para o bilhete de trem sempre era destinado a algum pobre que encontrava pelo caminho. Quando lhe perguntavam o motivo pelo qual, mesmo pertencendo a uma família rica, escolhia sempre viajar em terceira classe, Frassati dava uma resposta clara, mas sempre com seu típico bom humor: "Viajo na terceira classe, porque não existe a quarta!"[2]

Como membro das Conferências de São Vicente de Paulo, que tanto amava, passou a visitar frequentemente as famílias mais empobrecidas dos quarteirões esquecidos da cidade. Muitos se assustavam ao ver o filho do senador visitando lares onde viviam pessoas de má fama, tocadas pela violência, pela precariedade moral e pelo crime. Certo dia, uma pessoa, escandalizada pelas visitas de Pier Giorgio, perguntou-lhe qual motivo de um jovem de família tão rica e herdeiro de uma fortuna tão notável estar por aquelas partes. Sorrindo, o "jovem rico" respondeu: "Jesus me visita na Comunhão todas as manhãs, e eu retribuo da maneira miserável que posso: visitando seus pobres".[3]

Seu caráter decisivo e forte contra falsos moralismos e hipocrisias religiosas é bem expresso em uma carta endereçada a seu amigo Carlo Bellingeri, na qual denuncia o chamado "pieguismo" daqueles membros mais antigos das Conferências que se escandalizavam e abandonavam as famílias em situações morais complicadas:

---

[1] Frassati, P. G. *Lettere*. Torino: Effata Editrice, 2019, 119.

[2] Frassati, L. *Mio Fratello Pier Giorgio*: La caritá. Torino: Effata Editrice, 2013, 129.

[3] Idem, 25.

> Carlo, se deseja saber o que eu penso sobre certas conferências de São Vicente, eu as abolirei; quando existem homens, que viveram em outras épocas, tão cheios de zelo cristão, os quais, em vez de aconselhar os familiares sobre suposta conduta de suas filhas e buscar realizar obras de bondade, preferem abandonar a família. É melhor que a conferência não exista; não porque as pessoas reagem de má-fé, mas porque esta não é apropriada aos tempos modernos.

Desse modo, Pier Giorgio buscava um serviço pastoral que fosse apropriado a seu tempo. O jovem buscava viver um ministério que fosse atento e cuidadoso nas novas necessidades das pessoas e tivesse misericórdia para com aqueles que, por algum motivo, não se encontravam em situações que respondessem a certas expectativas morais e ideais da Religião. Assim, Pier Giorgio, já em seu tempo, parecia inaugurar uma espécie de "apostolado da Misericórdia". Vivia ele mesmo e estimulava os outros jovens católicos a viverem a "Igreja em saída", ou seja, aquela do serviço radical que vai ao encontro das pessoas reais e com seus problemas concretos, atitude tão evocada no ensinamento pastoral do Papa Francisco.

Um dos lugares preferidos de Pier Giorgio, para se aproximar dos sofredores, era o *Cottolengo,* uma associação católica caritativa, presente em Turim e em tantos outros locais da Itália e do mundo, onde até hoje se acolhem os mais diversos tipos de pessoas em vulnerabilidade social, especialmente aquelas abandonadas e portadoras das mais diversas enfermidades. Ele, em suas frequentes visitas, sempre levava seus amigos para que pudessem ter algum contato com a cruel realidade daqueles irmãos necessitados. Desse modo afirmava:

> Uma visita ao Cottolengo faria bem a todos os homens. Por meio do Cottolengo seria fácil para qualquer um aprender quais são os valores autênticos da vida, distante de toda exterioridade e de todo abandono inconsciente à existência de todos os dias.[4]

[4] Frassati, L. *Mio Fratello Pier Giorgio*: La caritá. Torino: Effata Editrice, 2013, 81.

Agora, deixemos que Pier Giorgio mesmo nos fale, por meio deste seu belo e autêntico discurso aos jovens universitários, membros da FUCI (Federação Universitária Católica Italiana), sobre a caridade. Em cada palavra, que está totalmente conectada com suas atitudes, é possível ver como ele era, de fato, um apaixonado pelo Evangelho e como era uma luz no horizonte dos demais jovens, convidando-os a, como ele, colocar-se a serviço dos mais pobres:

> Amigos,
>
> Não é com vocês que eu deveria entreter-me sobre um dos problemas mais interessantes de nossa vida cotidiana. Vocês, que pertencem à FUCI, não precisam escutar novamente estas palavras. Mas, devido à importância do tema, não acredito que seja inútil repetir estas coisas antigas.
>
> Cada um de vocês sabe que a base fundamental de nossa religião é a Caridade e que sem ela toda a nossa religião colapsará, porque nós não seremos verdadeiramente católicos, até que não cumpramos, ou seja, não conformemos toda a nossa vida aos dois Mandamentos, nos quais está a essência da Fé Católica: amar a Deus com todas as nossas forças e amar ao próximo como a nós mesmos. E aqui está a demonstração explícita de que a fé Católica se fundamenta no verdadeiro Amor e não como muitos gostariam, para poder tranquilizar suas consciências, dar por fundamento da Religião de Cristo a violência.
>
> Com violência se semeia o ódio e se recolhem depois os frutos nefastos desta semeadura. Com a caridade se semeia a Paz, mas não a paz do mundo, a Verdadeira Paz, que somente a Fé de Jesus Cristo nos pode dar nos irmanando uns aos outros.
>
> Eu sei que esta estrada é difícil e cheia de espinhos, enquanto a outra, à primeira vista, parece mais bela e mais fácil e mais satisfatória. Mas, se nós pudéssemos sondar o interior daqueles que desgraçadamente seguem os caminhos perversos do mundo, veríamos que neles jamais existe a serenidade que provém de quem enfrentou mil dificuldades e renunciou ao prazer material para seguir a Lei de Deus.
>
> Hoje, depois de uma guerra terrível que inundou todo o mundo, levando-o a uma destruição material e moral, nós temos um importante dever de cooperar grandemente com a regeneração moral da sociedade mundial, para que possa despontar a manhã

radiosa, na qual todas as nações reconhecerão não somente nas palavras, mas em toda a vida de seus povos como Rei, Jesus Cristo [...]. Mas, para que se cumpra esse grandioso portento, esse belíssimo plano, é preciso trabalhar grandemente, e uma das tarefas mais apropriadas é aquela oferecida pelas Conferências de São Vicente.

Eu não sei se todos vocês sabem do que se tratam essas instituições tão maravilhosamente idealizadas por São Vicente de Paulo.

Uma instituição simples, apropriada aos estudantes porque não implica compromissos, somente aquele de encontrar-se um dia por semana em um determinado local e depois visitar duas ou três famílias a cada semana. Verão, em pouco tempo, quanto bem podemos fazer àqueles que visitamos e quanto bem podemos fazer a nós mesmos.

Os irmãos, visitando aquelas famílias, são quase, direi, instrumentos indignos da Divina Providência: nós, aproximando-nos dos pobres, pouco a pouco, seremos seus confidentes e seus conselheiros, nos momentos mais terríveis desta peregrinação terrena. Nós daremos a eles aquelas palavras confortantes, ditadas pela Fé, e, muitas vezes, conseguiremos, não por nosso mérito, levar para a estrada segura pessoas que, não por maldade, tinham dela se distanciado.

Mas creio que posso dizer que a Conferência de São Vicente, com as visitas aos pobres, serve para frear nossas paixões, incitar-nos sempre mais para nos colocarmos na boa estrada, por meio da qual todos buscamos chegar ao grande Porto.

Ao assistir cotidianamente à fé, com a qual as famílias frequentemente suportam as dores mais atrozes, o sacrifício perene que estas fazem e que o fazem pelo Amor de Deus, convida-nos, muitas vezes, a fazer esta constatação: "Eu, que recebi tanto de Deus, sempre permaneci tão negligente, tão maldoso, enquanto eles são infinitamente melhores do que eu". E então, nós faremos uma tomada de consciência para seguir, de agora em diante, sempre mais a estrada daquela Cruz, o único caminho que nos leva à Salvação Eterna.

Agora, inumeráveis conferências existem na cidade de Turim e entre estas também uma universitária, a qual, porém, é composta, em sua maioria, de pessoas que estão quase se despedindo da vida estudantil e começando a vida dos homens.

> Agora, dirigimos a vocês um caloroso apelo para que desejem aumentar a fila dos irmãos e que cada um possa assim trazer a contribuição de sua própria atividade para aliviar aqueles que sofrem.
>
> Venham com vontade a esta conferência, venham, e cada sacrifício de vocês será recompensado no Céu, porque Jesus Cristo nos prometeu que tudo aquilo que fazemos aos pobres, por seu Amor, Ele vai considerar como se fosse feito a Ele mesmo. Não neguem a Jesus esse Amor, a Ele que, por amor infinito à Humanidade, desejou estar no Sacramento da Eucaristia, como nosso Consolador e como Pão da Alma.[5]

A intensa austeridade de Pier Giorgio, porém, não comprometia seu gosto por viajar e conhecer lugares novos. Em sua visita a Veneza, encantado com a beleza da cidade, afirmou, em uma carta, que a Piazza San Marco é a mais bela que existe. Também amava a arte e a literatura. Quando tinha oportunidade, frequentava concertos e visitava museus. Apreciava, de modo especial, as obras de Rubens e de Rembrandt. Também tinha ótimos gostos literários. Era fiel leitor da *Divina Comédia*, de Dante Alighieri, e do clássico romance italiano *I promessi Sposi*,[6] de Alessandro Manzoni, que é conhecido tanto por sua riqueza literária quanto por sua profunda mensagem cristã de misericórdia e compaixão.

Quando, em 1920, Alfredo Frassati, pai de Pier Giorgio, foi nomeado embaixador italiano na Alemanha, Pier Giorgio e sua família precisaram mudar-se para Berlim. Para o jovem Frassati aquela mudança significava uma nova oportunidade de servir aquele povo devastado pelas consequências da Primeira Guerra Mundial. Assim, de Berlim, escreveu a sua avó Giuseppina Frassati: "Espero logo conhecer o ambiente estudantil e operário católico, assim terei os mesmos hábitos que tinha em Turim".[7]

---

[5] Frassati, P. G. *Lettere*. Torino: Effata Editrice, 2019, 337-339.

[6] O título da obra no Brasil foi traduzido como "Os Noivos". Entre as várias traduções em língua portuguesa, recomendamos aquela de Pe. Spártaco Francesco Ciccotti, SJ. O jesuíta italiano, radicado no Brasil, foi um dos maiores especialistas em Alessandro Manzoni e trabalhou por muitos anos para apresentar a obra com uma tradução mais fiel possível à língua original. A obra foi publicada pelas Edições Loyola, em 2021.

[7] Idem, 46.

Em Berlim, tornou-se grande amigo do padre Carlo Sonnenschein, conhecido como o "São Francisco de Berlim". Com ele, Frassati passou a visitar os pobres das periferias da capital alemã. Foi também por intermédio desse amigo que Pier Giorgio conheceu a família Rahner. Entre eles, o jovem sentiu-se como se estivesse em seu próprio lar, talvez, melhor ainda. A casa da família Rahner foi uma espécie de "Betânia" para Frassati. Com os Rahner, viveu por um longo tempo para aprimorar a língua alemã e, muito mais do que isso, com essa família, criou um forte vínculo de afeto. Foi durante esse tempo que conheceu aquele que seria um dos mais ilustres da família: Karl Rahner.

A experiência do intenso apostolado social na Alemanha foi extremamente importante também para o discernimento vocacional de Pier Giorgio, que, em algum momento, considerou tornar-se sacerdote. Foi a um membro da família Rahner que confidenciou como se deu o desfecho de sua decisão vocacional:

> Eu quero de todos os modos ajudar meu povo, e isso posso fazer melhor como leigo do que como sacerdote, porque na Itália os sacerdotes não são tão próximos ao povo como na Alemanha. Como engenheiro de mineração posso, dando um bom exemplo, agir de modo mais eficaz.

Desse modo, o jovem rico que disse sim, filho do embaixador, inflamava-se cada vez mais de zelo pelo apostolado social. Sua fé encarnada, comprometida com os demais e coerente com o Evangelho, conduzia-o a galgar as alturas, sempre com os pés ao lado dos explorados e oprimidos. Certa vez, confidenciou a um amigo:

> Eu vejo ao redor do miserável, do desgraçado uma luz particular, uma luz que não temos.

No Colégio dos Jesuítas

"Pier Giorgio permaneceu sempre atraído por aquela escola, fonte de algo mais seu, algo que ninguém podia tirar dele: a força religiosa.
Por isso permaneceu sempre ligado ao Instituto Sociale."[1]
(*Luciana Frassati*)

A tradição educativa da Companhia de Jesus sempre buscou oferecer uma formação integral a seus estudantes. Isto é, além da formação acadêmica, a promoção dos valores cristãos e o fomento da sensibilidade para o compromisso social sempre foram partes integrantes da educação jesuíta.

Pier Giorgio Frassati foi matriculado juntamente com sua irmã Luciana Frassati no *Instituto Sociale*, dirigido pelos jesuítas, em Turim. Foi lá que o jovem desenvolveu ainda mais seu compromisso cristão e passou a fazer parte de vários movimentos, como o Apostolado da Oração, a Congregação Mariana e as Conferências de São Vicente de Paulo. Com seu espírito de liderança e a confiança que inspirava em seus colegas, sempre assumia funções de liderança nesses grupos. Seu encontro com o padre jesuíta Pietro Lombardi foi muito significativo, pois foi dele que Pier Giorgio recebeu o convite para receber a sagrada Eucaristia todos os dias. É bom lembrar que, naquela

[1] O Instituto Sociale, em Turim, é uma instituição educativa fundada em 1855 pelos jesuítas. Atualmente, o Instituto oferece uma formação integral que parte da Escola infantil até o Ensino Médio.

época, era comum que os fiéis recebessem a Sagrada Comunhão em momentos fora da Missa.

Com os jesuítas, adquiriu o hábito de realizar os Exercícios Espirituais Inacianos todos os anos, de 1919 até o ano de sua morte, em 1925. Para esses momentos privilegiados, retirava-se para uma casa distante, a fim de estar em silêncio e oração, seguindo a metodologia de Santo Inácio de Loyola. Durante um de seus retiros, ele escreveu ao amigo Antonio Villani:

> Nestes dias em que na tranquilidade desta casa nós nos recolhemos para orar, rezarei por você, e você reze por mim, para que, se infelizmente temos de estar distantes nesta vida terrena por causa de nossos compromissos, pelo menos no dia em que o Senhor quiser, nós nos voltemos a ver em nossa verdadeira Pátria para cantar os louvores de Deus.[2]

Apesar de esforçar-se, nem sempre teve sucesso com os estudos. Em uma de suas cartas, ao ser reprovado no exame de Latim, aos 13 anos, o menino relatou ao pai:

> Caro papai,
>
> Sinto-me confuso e triste e não sei nem mesmo como lhe escrever; eu vi a dor da mamãe e pensei na sua, tanto que não sei como lhe pedir perdão. Arrependo-me também porque fiquei para trás e tenho vergonha porque meus companheiros e minha irmã avançaram e eu não. Espero que o senhor acredite na sinceridade de minha promessa de estudar este ano e de buscar remediar em tudo o que seja possível.
>
> Recebi sua carta: eu já o tinha escrito. Fiquei ainda mais triste ao ler a carta do professor a quem por conselho da mamãe escrevo algumas linhas.
>
> Verá que buscarei com os fatos demonstrar meu afeto pelo senhor.
>
> Um beijo do seu:
>
> Pier Giorgio.[3]

---

[2] Idem, 165.

[3] Frassati, P. G. *Lettere*. Torino: Effata Editrice, 2019, 27.

Mais tarde, ingressou na Universidade Politécnica de Turim. Seu sonho era trabalhar junto aos mineradores. Ele se sentia sensibilizado e solidário com esses trabalhadores e operários. Preocupava-se com as péssimas condições de trabalho, nas quais se encontravam, e desejava, ao lado deles, compreender melhor suas dificuldades e oferecer seu apoio. Diz-se que o coração sente e a cabeça pensa de acordo com o lugar onde os pés se apoiam. Nesse sentido tocar o chão dos trabalhadores oprimidos era para o jovem estudante algo essencial para compreender sua mentalidade e lutar junto a eles por sua dignidade. Do mesmo modo ocorreu ao Papa Francisco, quando era Arcebispo de Buenos Aires. Suas frequentes visitas às periferias da metrópole o fizeram conhecer de perto a realidade difícil da vida das famílias, nas vilas e favelas. Foi tocando aquelas periferias geográficas que seu coração de Pastor se moldou e, mais tarde, tornou-se a chave principal para compreender sua sensibilidade pastoral e social como Bispo de Roma e Pastor Universal da Igreja:

> Ali, naquelas periferias, que para a Igreja devem ser sempre o novo centro, um grupo de leigos e sacerdotes, como o Pepe, vive e testemunha o Evangelho todos os dias, entre os descartados de uma economia que mata. Àqueles que dizem que a religião é o ópio do povo ou uma narrativa tranquilizadora, para alienar as pessoas, faria bem fazer, em primeiro lugar, uma caminhada pelas vilas: eles veriam como, graças à fé e ao compromisso pastoral e social, elas progrediram de maneira inimaginável, mesmo em meio a enormes dificuldades. Também experimentariam uma grande riqueza cultural. Perceberiam que, assim como a fé, todo serviço é sempre um encontro e que somos nós, acima de tudo, que podemos aprender muito com os pobres. Quando alguém diz que sou um papa das periferias, eu só rezo para que eu seja sempre digno disso.[4]

Como já vimos, Pier Giorgio jamais negligenciava sua participação na celebração da Eucaristia. Nesse sentido, as frequentes viagens que os estudantes do curso de mineralogia realizavam, muitas vezes, aconteciam aos domingos. Em uma delas, suplicou a seu professor

[4] Francesco. *Spera*. Milano: Mondadori.

que não partissem tarde, porque ainda precisava ir à Missa. E para sua surpresa, assim o professor, ironicamente, respondeu-lhe: "Aqui estamos entre estudantes e não entre as filhas de Maria!"

Os estudos não eram fáceis para ele. Em várias de suas cartas, expressou sua aflição por meio de afirmações como: "Infelizmente, temos de estudar". Além disso, não recebia notas altas:

> Há alguns dias fiz uma prova de desenho de máquinas (recebi 60%, não merecia mais, porque não fiz os desenhos) e de química aplicada. Esta última prova foi bem no início e depois nem tanto no final e assim recebi 65%; paciência, uma próxima vez estudarei mais e assim receberei melhores notas.[5]

É verdade também que um dos motivos pelos quais ele não era bem-sucedido nos estudos era o fato de ocupar boa parte de seu tempo em seus compromissos com os pobres, que foram cada vez mais intensos, no decorrer dos anos. Em outra carta, Pier Giorgio lamentou:

> Este ano eu não concluí nada em relação aos estudos, mas esta vez será a última porque não quero mais assumir outros compromissos fora de meus estudos: é momento de estudar seriamente.[6]

Nesses momentos de insucesso escolar de Pier Giorgio, o senhor Alfredo Frassati, seu pai, dirigia-lhe cartas com palavras muito duras. Podemos imaginar o quanto sofreu ao recebê-las:

> Caro Giorgio,
>
> ... agindo sempre sem reflexão, nas coisas que para você deveriam ser importantíssimas (como no caso específico de ter esquecido o livro que lhe serviria para a próxima prova), você será um homem inútil aos outros e a si mesmo.
>
> Teu pai.[7]

[5] Idem, 165.
[6] Idem, 173.
[7] Frassati, L. *Pier Giorgio Frassati: I giorni della sua vita*. Roma: Ed. Studium. 2019, 30.

A Fé

"A fé que recebi no Batismo me diz com voz segura:
'Sozinho você não conseguirá fazer nada,
mas, se Deus for o centro de todas as suas ações,
então conseguirá chegar até o fim'."
(*São Pier Giorgio Frassati*)

A fé de Pier Giorgio foi um contínuo e gradual contato com o Senhor, um contato feito de pequenas coisas, assim como de pequenas coisas foi feita toda a sua vida.

Todos os dias, por anos, frequentava a Missa e recebia a Comunhão. Todos os dias! E isso para um estudante, para um jovem de 24 anos significava renunciar a horas de sono. [...] Pier Giorgio, por anos, ancorava na fé sua obra silenciosa e tenaz e, por anos, ninguém percebeu, ninguém conseguiu compreender como ele tinha chegado ali, a partir de nossa vida comum, a partir de nossa casa, onde de religião e de fé não se falava, nem se vivia muito.[1]

Comunhão diária, Missas, adorações noturnas, vida paroquial, retiros, passeios, Rosário, oração silenciosa no quarto... A vida espiritual de Pier Giorgio era cotidiana, contínua, permanente. Orar para ele era algo espontâneo, natural. Jesus era seu amigo de todos os dias. Sem visões ou experiências místicas extraordinárias, o jovem nutria sua fé com a perseverança e frequência aos sacramentos da Igreja. Até o Concílio Vaticano II, as Missas eram celebradas

[1] Frassati, L. *Mio fratello Pier Giorgio: La fede*. Lido di Roma: Paoline, 1954, 23.

apenas pela manhã. O jejum, após a meia-noite, era obrigatório. Desse modo, quanto mais cedo se participava da Eucaristia, melhor era para que se pudesse tomar o café da manhã. Assim um bom católico jamais podia desfrutar do sono nas manhãs de domingo. Pier Giorgio, com suas comunhões diárias, precisou sempre manter a disciplina de acordar cedo. Assim afirma Luciana Frassati:

> Por nenhuma razão no mundo, nunca meu irmão traiu seu compromisso matinal de ir à Missa. Nada conseguiu vencer a piedade superior daquele primeiro contato com Deus, ao qual pedia a força e a virtude necessária para cumprir espiritualmente a própria jornada.[2]

Quando Pier Giorgio se tornou hóspede da família Rahner, despertou em todos uma grande admiração:

> Uma impressão inesquecível de Pier Giorgio foi a que tive na primeira noite em que esteve entre nós, quando o escutamos recitar em voz alta o Rosário em seu quarto. Isso era para nós alemães uma coisa não comum, se bem que nossa família era tão católica que doou dois de meus irmãos[3] à Companhia de Jesus.[4]

Os grandes mestres espirituais de ontem e de hoje afirmam que o termômetro de uma vida espiritual saudável é o bom humor. Em Pier Giorgio, essa serenidade da fé era notável. Sua irmã recolheu inúmeros relatos de pessoas que conheceram pessoalmente Pier Giorgio, e todas testemunharam a incrível capacidade que tinha de demonstrar seriedade e bom humor, ao mesmo tempo. Ele passava com naturalidade das conversas mais sérias às que provocavam gargalhadas, e do riso, à oração.

---

[2] Idem, 29.

[3] Trata-se de Karl Rahner, sj, e Hugo Rahner, sj, dois dos teólogos mais influentes do século XX.

[4] Frassati, L. *Mio fratello Pier Giorgio*: La fede. Lido di Roma: Paoline, 1954, 233.

Pier Giorgio amava cantar, mas era desafinado. Durante as celebrações, colocava-se sempre um pouco distante das pessoas para cantar com tranquilidade para não incomodar ninguém. Mas, como gostava de cantar alto, incomodava do mesmo jeito. Durante uma procissão, enquanto cantava fervorosamente, algumas pessoas lhe disseram: "Você é desafinado!" O jovem, despreocupadamente, respondia: "Mas o importante é cantar!"

Outra situação divertida, que revela a saudável espiritualidade de Pier Giorgio, aconteceu quando sua amada irmã se casou. Ele passou dias buscando, pelos antiquários de Turim, um presente para Luciana. Quando, enfim, encontrou o que desejava, correu para a cúria com o embrulho em mãos e pediu ao Monsenhor Gamba e a um funcionário que tentassem adivinhar do que se tratava aquele embrulho que trazia consigo. Os dois, em vão, tentavam, mas não conseguiram adivinhar. Até que Pier Giorgio abriu a embalagem e mostrou-lhes um antigo crucifixo. O jovem estava tão cheio de satisfação que os dois não ousaram dizer o que pensavam: "Como assim? Um crucifixo como presente para um matrimônio?"

Pier Giorgio amava as montanhas e, quando as escalava, dizia sempre que se sentia próximo de Deus:

> Todos os dias me apaixono sempre mais pelas montanhas e gostaria, se os estudos me permitissem, de passar dias inteiros sobre os montes para contemplar naquele ar puro a grandeza do Criador.[5]

Durante as escaladas difíceis, encorajava seus companheiros dizendo:

Aprendam a ser fortes, tanto na alma como nos músculos: se forem assim, serão verdadeiros apóstolos da fé em Deus.[6]

---

[5] Frassati, L. *Pier Giorgio Frassati: I giorni della sua vita*. Roma: Ed. Studium, 2019, 128.
[6] Idem, 129.

Frassati amava apaixonadamente a Igreja e sempre manteve um intenso carinho pelo Papa. Assim revelava tal estima, ao amigo Mario Bergonzi:

> Gostaria de estar no seu lugar para poder ver sempre o Santo Padre. Você sabe o quanto eu amo o Papa. Gostaria de fazer alguma coisa por ele, mas, não podendo, rezo por ele todos os dias, para que Jesus lhe dê muitas consolações e bênçãos. E viva o Papa! Viva![7]

Em suas frequentes cartas a seus amigos, delineava a grande solidez de sua fé, vivida e provada, não sem sofrimentos. Em uma carta ao amigo Isidoro Bonini, afirmava:

> Pobres desgraçados aqueles que não têm fé: viver sem fé, sem um ideal a defender, sem sustentar uma luta contínua não é viver verdadeiramente, mas simplesmente ir levando[8]. Nós não devemos nunca simplesmente ir levando, mas viver, porque, mesmo por meio de cada desilusão, devemos nos recordar que possuímos a Verdade, temos uma Fé a sustentar, uma Esperança a alcançar: a nossa Pátria. [...] As dores humanas nos tocam, mas, se essas são vividas sob a luz da Religião, isto é, da Renúncia, elas não são nocivas, mas salutares, porque purificam a Alma das pequenas e inevitáveis manchas, das quais, nós, homens, por nossa natureza malvada muitas vezes nos manchamos.[9]

Mesmo os momentos de escuridão foram encarados por Frassati como uma oportunidade de crescimento humano e espiritual. Em outra carta, endereçada ao mesmo amigo Isidoro Bonini, confidenciou a profundidade de sua dor, vivida à luz da fé:

---

[7] Frassati, P.G. *Lettere*. Torino: Effata Editrice, 2019, 116.

[8] Outra versão dessa expressão, tão própria de Frassati, poderia ser: "Ir empurrando com a barriga".

[9] Idem, 297.

> Dura é a luta, mas é preciso buscar vencer e reencontrar nossa pequena estrada de Damasco, para poder nela marchar para aquela Meta que todos devemos alcançar. [...] Terei eu a força de chegar? Claro, a Fé é a âncora de salvação e a asa, à qual é preciso agarrar-se fortemente: sem a Fé o que seria de nossas vidas? Nada, ou melhor, seria gasta inutilmente, porque no mundo só existe dor, e a dor sem a fé é insuportável, enquanto a dor alimentada pela chama da fé se torna bela, porque fortalece a alma para as lutas.
>
> Hoje, na luta, não posso deixar de agradecer a Deus, que quis, em sua Infinita Misericórdia, conceder a meu coração esta dor para que eu, por meio destes árduos espinhos, retornasse a uma vida mais interior, mais espiritual. Vivi até esta idade muito materialmente, e agora é preciso que eu fortaleça novamente o espírito para as futuras lutas. Porque, daqui em diante, todos os dias, todas as horas, será uma nova batalha a combater e uma nova vitória a conquistar".

Belíssimas e profundas são as palavras, com as quais Pier Giorgio conclui essa mesma carta a seu grande amigo Bonini:

> Uma outra coisa que nos deve unir é o Amor Santo, santo porque esse é o Fogo perene que deve consumir um coração cristão; atingindo a esse, devemos nos alimentar porque, sem a Caridade, qualquer outra virtude não serve.[10]

Quais eram os textos espirituais dos quais Pier Giorgo mais se alimentava? Luciana Frassati respondeu:

> Seu Evangelho preferido era o de São Mateus, exatamente por causa do Sermão da Montanha; seu assunto mais amado era a Encíclica social *Rerum Novarum*; conhecia o documento *De contemptu mundi*, do Papa Inocêncio III; e compartilhava com esta encíclica o desprezo pela riqueza e o amor pelos pobres. Sabia de memória o testamento de Veuillot. Entusiasmava-se pelos Salmos e falava de

[10] Idem, 286.

> Toniolo com íntimo e profundo conhecimento. Estudava também Heine e Goethe para que ainda mais rico fosse o dom espiritual.[11]

Pouco conhecido é o texto escrito pelo Papa Inocêncio III, o *De contemptu mundi*, que tanto inspirava a vida espiritual e o compromisso social de Pier Giorgio. Esse documento, escrito no século XII, parece muito atual e demonstra como a Igreja, mesmo em meio às ambiguidades do período medieval, era atenta em condenar o acúmulo de bens dos ricos e aliviar os sofrimentos e as opressões dos pobres. Nesse sentido, destacamos o capítulo V do segundo livro do documento, no qual o Papa Inocêncio III se dirige aos ricos com estas fortes palavras:

> Capturais o lucro em vossos cofres, o dano em vossa consciência e o dinheiro, mas tornais cativa a alma. Em verdade se diz: "Que aproveita ao homem ganhar o mundo inteiro, se vier a perder a sua alma, ou com que a poderá resgatar, se a perder?" (Mt 16). Como canta o *Salmo 45*: "Se o irmão não perdoa, perdoará o homem?" Deus não se aplaca, nem o preço da redenção da alma é eterno, e ela viverá até o fim. Ouçam, homens ricos, o que o apóstolo Tiago diz contra vocês: "Portanto, ó ricos, levantem a voz em vista dos infortúnios que lhes sobrevirão. Seus bens estão podres e suas roupas foram roídas pelas traças. O ouro e a prata de vocês se tornaram mofados, e a ferrugem desses metais dará testemunho contra vocês e devorará sua carne como fogo. Vocês armazenaram para si mesmos a ira dos últimos dias. Sabei que o salário que não pagastes aos trabalhadores que ceifaram vossa messe clama contra vós; e seu clamor chegou aos ouvidos do Senhor dos Exércitos" (Tg 5). Por isso, diz a Verdade: "Não queirais ajuntar tesouros para vós na terra, onde a ferrugem e a traça os consomem, e onde os ladrões os desenterram e roubam" (Mt 6).[12]

Pier Giorgio era devotíssimo do Apóstolo São Paulo, a quem chamava de "Apóstolo da Caridade":

---

[11] Idem.

[12] Soto Posada, G. [2018]. *Introducción y notas a De contemptu mundi sive de miseria conditionis humanae*. Libri tres. *Revista Cuestiones Teológicas*, 45(103), 211.

> A mente reprimida por esta árida ciência encontra paz e refrigério e alegria espiritual na leitura de São Paulo. Eu gostaria que você experimentasse ler São Paulo: é maravilhoso, a alma se exalta nesta leitura, e nós temos o incentivo a seguir o caminho certo e a retornar para este assim que estivermos em culpa.[13]

Em uma época na qual a Bíblia ainda não estava acessível aos leigos nem mesmo sua tradução em língua vernácula estava disponível para os católicos, Pier Giorgio carregava sempre no bolso seu trecho preferido de São Paulo, escrito à mão, em italiano, o capítulo 13 da Primeira Carta aos Coríntios. Trecho esse que seria sua regra de ouro e síntese de toda a sua vida espiritual e compromisso cristão:

> "Se eu não tivesse amor, eu não seria nada!"

[13] Frassati, L. *Pier Giorgio Frassati. I giorni della sua vita*. Roma: Ed. Studium, 2019, 134.

A Sociedade dos "Tipos Sombrios"

"Permanece um laço que esperamos, com a graça de Deus
nos ligue sobre esta terra e sobre outra todos os 'tipos sombrios':
este sagrado vínculo é a fé,
que é o único e poderoso vínculo, único fundamento seguro,
sem a qual nada pode ser realizado."
(*São Pier Giorgio Frassati*)

Para Pier Giorgio uma coisa era clara: a amizade mais pura e a diversão mais lícita têm por fundamento a oração. Em poucas palavras, isso era o que significava a *Società dei Tipi Loschi* (Sociedade dos tipos sombrios), fundada por ele. O jovem, sem pretensões institucionais ou burocráticas, desejava simplesmente criar um grupo de rapazes e moças, no qual os laços de uma profunda e sincera amizade pudesse ser abrigo e suporte humano e espiritual. Não era um grupo de jovens "piegas", nem mesmo de fomentadores de devoções e fervores indiscretos. Era um espaço de fé e amizade, no qual os jovens podiam ser eles mesmos e desfrutar das coisas "normais" de sua idade. Era uma sociedade de amigos unidos pela fé, que se queriam bem e que buscavam divertir-se saudavelmente.

O padre jesuíta Pietro Righini, ao saber do nascimento do grupo, logo o batizou ironicamente com o nome de "Compagnia Fracassi" (Sociedade dos fracassos), fazendo um trocadilho fonético com o sobrenome de seu fundador Frassati. Pier Giorgio, com o bom humor que lhe era próprio, em suas cartas destinadas aos membros da Sociedade, costumava iniciá-las com um tom de brincadeira:

De Turim, no dia, ou melhor, na noite de 9 de setembro de 1924,
Sociedade dos "tipos sombrios"
Departamento "Agitados"
Seção "Terror"
Proclama
Para a asa do Terror um tiro de canhão!

E se despedia desejando-lhes:

Um abraço aterrorizante.

E, quando conseguiam escalar uma montanha difícil, como uma que se chama Grivola, ele concluía a carta dizendo:

Saudações Alpinísticas

Terror omnia vincit.
(O medo tudo conquista).

Grivola victa est.
(Grivola foi derrotada)

Significativas são as palavras de Pier Giorgio sobre a fé e a amizade na Sociedade:

> E esta fé que recebemos no santo batismo e que nos fez companheiros de belos passeios sobre os alpes, esperamos que nos acompanhará até o último dia de nossa viagem terrena e nos sirva como vínculo por meio da oração a cimentar espiritualmente todos os "tipos sombrios" dispersos pelo orbe terreno.[1]

[1] Frassati, P. G. *Lettere*. Torino: Effata Editrice, 2019, 227.

Desse modo, Pier Giorgio criava uma "família de amigos" unidos pela oração e pelo afeto. Com eles, vivenciou a fé por meio de recitação de orações, como o Rosário, enquanto realizavam suas longas escaladas pelos alpes, que tanto amava. Os membros da sociedade deveriam ser poucos, mas bons, como os *maccheroni* (uma espécie de macarrão italiano em forma de pequenos tubos), brincava Frassati. Nas atividades da sociedade, ele divertia-se, contava histórias e fazia suas palhaçadas, repousando debaixo das estrelas e desfrutando das partidas de um jogo, que ele tanto apreciava: o bilhar. A Sociedade dos tipos sombrios era um espaço concreto para fazer sua fé respirar, no aconchego da amizade e da partilha sincera, capaz de romper qualquer isolamento e solidão. Pier Giorgio tinha mente e coração abertos para acolher e compreender todos os que se aproximavam dele: "A ele era possível expressar qualquer sentimento – desde que fosse sincero – seguros de não sermos mal interpretados. A única coisa que não podia compreender era a ambiguidade".[2]

Luciana Frassati, sobre a Sociedade, comentou:

> Pier Giorgio intuiu que a solidez do grupo poderia alimentar um comum entusiasmo pelo apostolado cristão e, para que isso acontecesse, usou ainda de seu instrumento predileto: a alegria, que, em suas variadas manifestações, reinou naquela sociedade, estimulando o espírito coletivo e reunindo todos debaixo do mágico sinal do riso. Só assim era possível ter próximas pessoas tão diversas, nem todas sensíveis aos valores da fé.[3]

Infelizmente, no mundo atual, a solidão não desejada, consequentemente o isolamento, segundo inúmeras pesquisas, é considerada uma das epidemias mais presentes, especialmente entre adolescentes e jovens. Nem mesmo a tal "hiperconexão", proporcionada pelas redes sociais, tem conseguido amenizar esse mal. Muito pelo contrário, pesquisadores afirmam que existe, atualmente, uma correlação entre o aumento de uso das redes sociais e as consequências

[2] Frassati, L. *Pier Giorgio Frassati. I giorni della sua vita*. Roma: Ed. Studium, 2019, 110.
[3] Idem, 105.

do "espelhamento de uma falsa vida"[4]. Ou seja, aquelas histórias expostas de felicidade e de pessoas dentro do padrão estético de beleza, vendidas nas redes, entram em combate contra a verdadeira imagem refletida no espelho. E, como já sabemos, são muitas as consequências causadas por esse grande mal.

Há dores que somente boas relações podem ajudar-nos a amenizá-las. Sabemos muito bem o quanto vale o dom de uma amizade desinteressada, em nossos momentos mais difíceis. Poder compartilhar com alguém de confiança nossos lados mais obscuros, nossos medos, nossas dores é um maravilhoso presente, uma dádiva que sempre deveríamos pedir a Deus. O dom dos amigos é uma graça que precisamos reconhecer todos os dias. "Amigo é um nome de Deus. Amizade, um nome da vida verdadeira."[5] Seria muito triste se nossas paróquias, comunidades e nossos movimentos não oferecessem nem se preocupassem em proporcionar a criação de espaços sadios para a construção de vínculos sólidos, de verdadeiras amizades, principalmente entre os adolescentes e jovens.

Em sua Encíclica *Fratelli Tutti*, o Papa Francisco afirmou que a presença virtual jamais substituirá aquela presencial. E que, ainda que as redes possam favorecer espaços de encontros, jamais oferecerão a realização do contato verdadeiramente humano de que todos necessitamos. Precisamos do olhar, do tato, do abraço, do aperto de mãos, do beijo, do odor, da respiração... E bem sabemos que encontrar-se profundamente, principalmente na cálida cultura brasileira, significa aproximar-se fisicamente do outro.

No passado, principalmente em nossas paróquias e comunidades, eram mais comuns os grupos de jovens, que se reuniam de tanto em tanto para rezar, conversar, realizar passeios e se divertir juntos. Quantas relações bonitas e duradouras de amizades nasceram nesses espaços! Quantos casais se conheceram nesses grupos! Aqui, não se trata simplesmente de resgatar lembranças nostálgicas ou lamentar um passado que não existe mais, mas de reconhecer valores que, por

---

[4] Delboni, C. Solidão: se é uma epidemia mundial, como evitar que adolescentes sofram da doença? Estadão. 11 set. 2023.

[5] Ronchi, E. *I baci non dati*. Milano: Paoline, 2007.

que não, poderiam continuar mais vivos – e, em muitos lugares, ainda continuam –, entre os jovens católicos.

Graças a Deus, temos excelentes movimentos, novas comunidades, pastorais de juventude e grupos dos mais diversos carismas e espiritualidades – para todos os gostos e sensibilidades –, no interno da Igreja. Há também grandes eventos, como as Jornadas Mundiais da Juventude e igualmente aqueles mais modestos, e não menos importantes, em nossas Dioceses e paróquias. Porém os eventos não bastam, precisamos de comunidades, como a "Sociedade dos tipos sombrios", as quais, ancoradas em uma fé lúcida e transparente, ofereçam calor humano, acolhida e sustento, nos momentos difíceis, sobretudo em uma época de "laços fracos". Carecemos de vínculos afetivos e efetivos fortes. Precisamos de comunidades não uniformizantes, que saibam acolher e conectar gente que, embora pense diferente, tenha em comum um único ideal: ser reflexo da luz do Deus encarnado, que ama este mundo incondicionalmente e nos ensina a viver como amigos e irmãos uns dos outros.

Precisamos de um cristianismo que, como Pier Giorgio Frassati nos ensina, testemunhe a fé por meio de amizades verdadeiras. Necessitamos de um cristianismo sem disfarces, sem costumes "estranhos". A Carta a Diogneto, escrita no fim do século II, um dos mais antigos e belos documentos da comunidade cristã primitiva, narra o frescor simples e inspirador do cristianismo dos inícios:

> Os cristãos, de fato, não se distinguem dos outros homens, nem por sua terra, nem por sua língua ou seus costumes. Com efeito, não moram em cidades próprias, nem falam língua estranha, nem têm algum modo especial de viver. Sua doutrina não foi inventada por eles, graças ao talento e à especulação de homens curiosos, nem professam, como outros, algum ensinamento humano. Pelo contrário, vivendo em casa gregas e bárbaras, conforme a sorte de cada um, e adaptando-se aos costumes do lugar, quanto à roupa, ao alimento e ao resto, testemunham um modo de vida admirável e, sem dúvida, paradoxal. Vivem em sua pátria, mas como forasteiros; participam de tudo como cristãos e suportam tudo como estrangeiros. Toda pátria estrangeira é pátria deles, a cada pátria é estrangeira. Casam-se como todos e geram filhos, mas não aban-

> donam os recém-nascidos. Põem a mesa em comum, mas não o leito; estão na carne, mas não vivem segundo a carne; moram na terra, mas têm sua cidadania no céu; obedecem às leis estabelecidas, mas com sua vida ultrapassam as leis; amam a todos e são perseguidos por todos.[6]

Com a Sociedade dos tipos sombrios, Pier Giorgio buscava viver o ideal de uma vida cristã partilhada na amizade e na alegria. Sem regras engessadas, sem ciclos de reuniões cansativas, com tudo espontâneo e improvisado, o importante era estarem juntos o máximo que podiam, debaixo da poderosa luz da fé. Porém havia apenas uma regrinha na sociedade: informar quem era o tipo sombrio que se ausentava das atividades em grupo. Ninguém podia ser perdido de vista nem jamais se sentir abandonado. Era uma sociedade de comunhão de oração e protegida pelo dom mágico da alegria.

"Um abraço aterrorizante."

[6] Da Carta a Diogneto. Cap.5-6; Funk 1, 317-321.

A Renúncia de uma Paixão

"Estou lendo o romance de Ítalo Mario Angeloni 'Amei assim',
no qual é narrado, na primeira parte, seu amor
por uma andaluz e acredite:
emociona-me porque parece ser a minha história de amor.
Eu também amei assim, com a diferença de que no romance
o sacrifício é feito pela jovem andaluz,
e, em meu caso, serei eu o sacrificado,
mas, se Deus assim quiser,
que seja feita sua Santa Vontade."
(*São Pier Giorgio Frassati*)

Os santos também podem apaixonar-se. Pier Giorgio, não somente por seu aspecto físico atraente, mas também por seu notável cavalheirismo, seu jeito terno de ser e tantas outras qualidades humanas, despertou muitos olhares para si. Foi dentro da Sociedade dos tipos sombrios que conheceu Laura Hidalgo, garota pela qual sentiu seu coração bater mais forte. Porém para ele, naquele momento, era indispensável o consentimento de sua mãe. Desse modo, discretamente, insistiu a sua irmã que convidasse Laura e uma amiga sua para tomarem taças de chá em sua casa e conhecer a reação da senhora Adelaide.

Durante a visita, enquanto conversavam, o apaixonado Pier Giorgio era atento a cada reação da garota, que se sentia examinada por sua mãe. Porém a pobre Laura não conseguiu alcançar tal simpatia. A senhora Adelaide, além de não se simpatizar com Laura, jamais permitiria que seu filho se unisse, em matrimônio, a uma jovem que fizesse parte da "Ação Católica". Foi assim que a paixão de Pier Giorgio o levou a um deserto de desencanto amoroso. Um jovem como ele jamais iria desobedecer a sua mãe, principalmente naquele momento em que seus pais viviam uma grande crise no matrimônio e estavam a ponto de divorciarem-se. Desse modo, decidiu sacrificar-se para não "aumentar" os problemas que já se encontravam em seu lar.

São belas suas palavras confidentes diante da dor e frustração que sentia. É a dor de um apaixonado que sofre pela mutilação de seus mais nobres sentimentos:

> Isidoro Bonini
>
> Caríssimo,
>
> Estou lendo o romance de Ítalo Mario Angeloni "Amei assim", no qual é narrado, na primeira parte, seu amor por uma andaluz, e acredite: emociona-me porque parece ser a minha história de amor. Eu também amei assim, com a diferença de que no romance o sacrifício é feito pela jovem andaluz, e, em meu caso, serei eu o sacrificado, mas, se Deus assim quiser, que seja feita sua Santa Vontade.
>
> Hoje, vou a Sauze d'Oulx para experimentar correr na pista da Jovem Montanha. Amanhã a Sociedade parte para o São Bernardo, e meu espírito estará lá, por duas razões: uma porque o São Bernardo foi o berço de meu sonho, infelizmente!, despedaçado e depois porque lá está aquela que eu amei por puro amor e hoje renunciando a desejo ver feliz.
>
> Exorto a você que reze para que Deus me dê a força cristã para suportar serenamente esta dor, e a ela, toda felicidade terrena e a força para chegar ao Fim, para o qual somos criados. [...] Assim que ela será sempre para mim uma boa amiga, que, conhecida nos anos perigosos de minha vida, me servirá para prosseguir na estrada reta para a Meta. Escreva-me alguma coisa e reze por mim.

Feliz fim e início de ano a você e aos seus, beijos do

Pier Giorgio.[1]

Três meses depois de revelar o drama sentimental, no qual vivia, com tanta intensidade, repleto de paixão, de renúncia e buscando, nas orações de seus amigos, o apoio necessário, escreveu ao mesmo amigo Bonini. Nesta carta ele parece estar já um pouco mais conformado com a situação e lhe informa os segredos de seu coração. Por meio de suas palavras, é possível ver sua fé imensa e como ele era capaz de enxergar, em cada movimento de seu coração, o maravilhoso auxílio da presença confortante de Deus:

A Isidoro Bonini
Turim, 6 de março de 1925

Verdadeiramente, eu resisti falar sobre uma questão tão amarga, mas isso eu o não fiz por falta de confiança, mas somente porque a questão é já superada e é melhor não falar mais sobre isso, mas fechar estes parêntesis para sempre. Sim, a linguagem desta carta te surpreenderá, mas você deve pensar que eu não cumpri com nenhuma daquelas enérgicas medidas que eu o tinha comunicado, antes de tua partida de Turim.

Eu estive na montanha frequentemente com ela, muitas vezes com outros, mas eu me convenci de que, não podendo alcançar o objetivo, preciso exterminar o germe que, se conduzido bem, traz muitos benefícios, mas do contrário, muitas cruzes. Em minhas lutas internas, perguntei-me, muitas vezes, porque eu deveria estar triste? Deveria sofrer, suportar com relutância este sacrifício? Talvez eu tenha perdido a fé? Não, graças a Deus, minha fé é ainda suficientemente firme e ainda a reforço, revigoro esta que é a única Alegria, da qual alguém possa ser pago neste mundo. Cada sacrifício vale somente por essa; depois, como católicos, nós temos um Amor que supera todos os outros e que, depois daquele devido a Deus, é imensamente belo, como é bela nossa Religião! Amor

[1] Frassati, P.G. *Lettere*. Torino: Effata Editrice, 2019, 271-272.

que teve por advogado aquele Apóstolo, que o pregou em todas as suas cartas aos vários fiéis. A Caridade, sem a qual, diz São Paulo, todas as outras virtudes não valem. Essa sim pode servir como guia e endereço para toda uma vida, para todo um programa de vida. Essa, com a graça de Deus, pode ser a meta para o qual meu ânimo pode esperar. E então, nós, no primeiro momento, estamos desanimados, porque é um itinerário belo, mas difícil, cheio de espinhos e com poucas rosas, mas confiamos na Providência Divina e em sua Misericórdia.

O Papa Pio X, de santa memória, recomendava à Juventude Católica a prática da SS. Comunhão, e eu não posso agradecer, a cada momento, a Deus ter-me dado pais, mestres, todos os amigos, pois todos me guiaram pela estrada mestra da fé. Imagine se neste momento, no qual meu ânimo atravessa esta crise, eu tivesse a desgraça de não crer; não valeria a pena viver nem mais um instante e somente a morte seria um alívio talvez a todo o humano sofrer.

Mas, em vez disso, para quem crê as controvérsias da vida não são motivos de abatimento, mas servem como mudança e chamada enérgica para reencontrar a vida, talvez momentaneamente abandonada.

Bem, meu projeto está neste converter minha simpatia especial, que eu tinha por ela e não é desejada, ao fim para o qual devemos chegar, à luz da Caridade, no respeitoso vínculo da amizade compreendida em sentido cristão, no respeito às virtudes, na imitação de suas qualidades pessoais, como tenho pelas outras. Você poderia dizer que é uma loucura esperar isso; mas eu creio, se você rezar um pouco por mim, para que em pouco tempo eu possa alcançar isso na oração.

Esse é o projeto que espero, com a Graça de Deus, alcançar; também me custará o sacrifício da vida terrena, mas pouco importa.

Pier Giorgio.[2]

Desse modo demonstrava que sua vida afetiva era um grande tesouro a ser tratado cuidadosamente. Frassati sabia muito bem que:

[2] Frassati, P.G. *Lettere*. Torino: Effata Editrice, 2019, 300-301.

> A lógica do amor tem caráter de cuidado pelo outro. Sobre o amor, Santo Inácio de Loyola tem uma bela definição: "o amor é comunicação de ambas as partes, isto é, quem ama doa e comunica ao amado tudo o que possui e tudo o que pode, e, desse modo, o amado faz o mesmo". De acordo com a antropologia cristã do amor, este não é egoísta e está disposto a renúncias e sacrifícios pelo outro como expressão concreta de uma doação total.[3]

Nesse sentido Pier Giorgio vivia seus afetos e sua sexualidade com dignidade e sabia que, para viver isso, eram necessárias renúncias. Oportunas são as palavras de Bento XVI sobre o amor e a renúncia:

> O amor promete infinito, eternidade – uma realidade maior e totalmente diferente do dia a dia de nossa existência. E o segundo é que o caminho para tal meta não consiste em deixar-se simplesmente subjugar pelo instinto. São necessárias purificações e amadurecimentos, que passam também pela estrada da renúncia. Isso não é rejeição do *eros*, não é o seu "envenenamento", mas a cura em ordem a sua verdadeira grandeza.[4]

Nem mesmo a rígida e fria educação familiar que Pier Giorgio recebeu não condicionou seu modo de tratar os outros. Muito pelo contrário, era afetuoso e carinhoso, ao tratar a todos os que cruzavam seu caminho. Seus afetos transparecem em suas correspondências repletas de docilidade. Frassati, frequentemente, terminava suas cartas desejando "*saudações e mil beijos do Pier Giorgio*". Seus amigos afirmavam que era o tipo de pessoa de que todos queriam estar próximos. Era, com toda certeza, o tipo de amigo que todos gostariam de ter.

---

[3] Franguelli, B. *Amor a delivery*: sobre o analfabetismo sentimental e erótico. São Paulo: Loyola. 2024, 233.

[4] Bento XVI, *Carta Encíclica Deus Caritas est*, 5.

Fé e Santidade combinam com o Compromisso Político?

"Eu me apaixono sempre mais por este povo
trabalhador que sofre,
infelizmente, terrivelmente.
Mas nós, que somos católicos, sabemos que Deus não abandona
os bons e, se os malvados hoje estão no poder,
amanhã Deus dará os instrumentos nas mãos dos bons,
para que combatam contra os filhos das trevas."
(*São Pier Giorgio Frassati*)

Em tempos de polarizações radicais e adorações a ídolos políticos e partidos, é preciso ter cuidado ao pronunciar a palavra "política" dentro da Igreja. Parece que ainda não entendemos aquilo que já dizia Paulo VI: "A política é a suprema forma de caridade". Isso porque, muitas vezes, confunde-se política com paixões mesquinhas por este ou aquele partido ou candidato. Com isso, formam-se confrontos dolorosos, insultos e divisões, não por culpa da política, mas como fruto da ignorância sobre o que realmente é a política. Nesse sentido são oportunas as palavras de Dom Pedro Casaldáliga, o bispo profeta de São Félix do Araguaia, quando, lamentando a ausência de bons cristãos na política, dizia: "Que falta estão fazendo ao mundo os santos políticos". E afirmava ainda: "Uma boa política é um sacramento público da bondade de Deus".[1]

[1] Franguelli, B. "Pedro Casaldáliga: La profezia di un Pastore Poeta", in: *La Civiltà Cattolica*, 2022, III.

Principalmente nos últimos anos, qualquer discurso, no qual se tenham por temas a justiça social, os direitos do ser humano ou a luta contra a pobreza, é visto com péssimos olhos, por boa parte dos católicos. Para esses isso cheira a "comunismo", e não se dão conta – ou talvez não estejam dispostos a aceitar – de que a justiça do Reino de Deus é uma exigência do próprio Evangelho. A Bíblia não tem culpa se movimentos revolucionários tomaram alguns de seus temas cruciais e os transformaram em discursos radicais e ideológicos. Porém não podemos, por esse motivo, negligenciar as condições que o seguimento de Jesus nos exige. O Evangelho nos incomoda constantemente com sua exigência radical, isto é, de dar tudo o que temos aos pobres e de amar incondicionalmente os demais. Sabemos muito bem que, no juízo final, apresentado por Jesus no capítulo 25 de Mateus, decisiva para nossa salvação será a caridade que tivemos – ou não – para com os sofredores deste mundo.

Nesse sentido a Igreja tem sim um lado político. Não um lado partidário, mas político. E isso independe dos tempos e das ideologias. A Igreja, fiel ao Esposo, está do lado de quem Ele escolheu estar. E o lado político de Deus foi revelado pelo próprio Evangelho: é o lado dos sofredores!

> Derrubou do trono os poderosos e exaltou os humildes; sacia de bens os famintos e despede os ricos sem nada (Lc 1,52-53).

As palavras do *Magnificat* são claras. A Virgem Maria também "tem lado". Assim é no mínimo estranho que um cristão católico se decida "distrair-se" da "política do Evangelho", isto é, da caridade e da justiça. Duas são as tentações que podem envolver o cristão, em relação ao tema político: a primeira diz respeito a suas paixões ideológico/partidárias, que lhe impedem a lucidez política, e a segunda diz respeito à apatia e rejeição a temas relacionados com a política, que o alienam de importantes temas sociais. Nesse sentido, ser político significa ter um posicionamento claro diante das injustiças deste mundo. E não se posicionar ao lado dos sofredores é um eficaz contratestemunho de vida cristã no mundo. E pior ainda, quando alguém que se declara cristão se posiciona contra os sofredores deste mundo, este admite defender uma atitude abominável tanto para as Sagradas Escrituras quanto para a Doutrina Social da Igreja.

Nesse sentido o ano de 1881 foi um marco na história da Igreja. Em um momento em que o mundo passava por incríveis transformações provenientes de revoluções políticas, econômicas e tecnológicas, principalmente a revolução industrial, suas consequências para o ser humano não foram tão entusiásticas. O sofrimento e as péssimas condições sociais, nas quais começaram a viver grande parte dos trabalhadores do planeta, tocaram o coração da Igreja. O Papa Leão XIII, então, escreveu a Encíclica *Rerum Novarum – sobre condição dos operários*, e a Igreja começava a ser, de modo mais incisivo, uma voz gritante, em meio à exploração dos mais fracos:

> Estamos persuadidos, e todos concordam nisso, de que é necessário, com medidas prontas e eficazes, vir em auxílio dos homens das classes inferiores, atendendo a que eles estão, pela maior parte, em uma situação de infortúnio e de miséria imerecida. O século passado destruiu, sem as substituir por coisa alguma, as corporações antigas, que eram para eles uma proteção; os princípios e o sentimento religioso desapareceram das leis e das instituições públicas, e assim, pouco a pouco, os trabalhadores, isolados e sem defesa, têm-se visto, com o decorrer do tempo, entregues à mercê de senhores desumanos e à cobiça de uma concorrência desenfreada.[...] A tudo isso deve acrescentar-se o monopólio do trabalho e dos papéis de crédito, que se tornaram o quinhão de um pequeno número de ricos e de opulentos, que impõem assim um jugo quase servil à imensa multidão dos proletários.[2]

A partir dessa Encíclica, todos os outros Papas começaram a combater os problemas sociais de cada época com audácia e coragem. Assim começou a desenvolver-se, de modo mais explícito, a Doutrina Social da Igreja. Nesse sentido, com a *Rerum Novarum*, o católico, que vivia entre o fim do século XIX e início do século XX, era exortado pela Igreja a não se deixar seduzir e distrair por ideologias revolucionárias atraentes, mas nocivas aos valores da fé e do bem comum,

[2] Leão XIII, Encíclica *Rerum Novarum sobre condição dos operários*, 2.

como o capitalismo industrial desumano e o comunismo ateu totalitátio. Desse modo a Igreja afirmava o que sempre defendeu: não há outro líder ou outra bandeira a seguir, senão Cristo e seu Evangelho.

É nesse contexto que nasce o compromisso político de Pier Giorgio Frassati, que não era nada menos que uma consequência natural de sua paixão por Jesus e seu Evangelho de caridade. Ele acreditava, por meio da visão cristã de justiça social, que a verdadeira fé é aquela que transforma a realidade a seu redor. Desse modo, junto aos pobres e marginalizados, assumiu o compromisso de lutar ao lado deles, unir sua voz à deles e enfrentar o grande monstro que se levantava naquele momento em seu país: o fascismo.

O "Lado Político" de Pier Giorgio

"No dia em que todos aceitarmos a voz e os ensinamentos de Cristo,
poderemos dizer que estamos no mesmo pé de igualdade,
e todas as diferenças entre os homens serão anuladas."
(*São Pier Giorgio Frassati*)

Como dissemos, o contexto político e econômico, no qual viveu Pier Giorgio, era marcado por graves crises. A Primeira Guerra Mundial, ocorrida entre 1914 e 1918, trouxe consequências estruturais, políticas e econômicas catastróficas e muito profundas. A guerra sempre empobrece todos e em todos os sentidos. Somente na Itália, ceifou a vida de pelo menos 600 mil pessoas e deixou cerca de 1 milhão de feridos. Com tudo isso, criou-se um ambiente propício para a ascensão de regimes totalitários, de modo especial, o fascismo de Mussolini, que, mais tarde, também influenciou o nascimento do nazismo de Hitler, na Alemanha.

No contexto católico, a Ação Católica, fundada no início do século XX, marcou a juventude católica italiana, desde então. Tratava-se de uma organização eclesial que nascia com a finalidade de promover o envolvimento dos católicos na vida pública e em questões sociais, políticas e culturais. Desse modo a Ação Católica, desde sua fundação, tem buscado formar os leigos para participar da vida social e política, de forma cristã, e envolvê-los em várias atividades sociais. O Movimento também nasceu para fomentar nos católicos a defesa da moral cristã e a participação em questões de justiça social, com particular ênfase na defesa dos direitos trabalhistas, civis, das mulheres e na promoção do bem comum. Assim com sua fundação, os leigos passaram a ser chamados de agentes de transformação, principalmente naquele difícil contexto social italiano. Pier Giorgio, contra a vontade do pai e sem completar nem mesmo 18 anos, recebeu a permissão descontente da mãe e inscreveu-se no grupo universitário Cesare Balbo, vinculado à Ação Católica.

Fato muito notório a ser recordado também é sua entrada na Ordem Terceira de São Domingos. Escolheu para si o nome de frei Jerônimo de Savoranola. Esse famoso frei rebelde dominicano, que viveu em Florência, no século XV, foi condenado por heresia. O frade dominicano foi brutalmente enforcado e teve seu corpo queimado em praça pública. O motivo de sua suposta heresia era o fato de suas constantes denúncias contra a corrupção moral e política do papado e da sociedade de sua época. Desse modo Pier Giorgio encontrava em Savoranola uma fonte de inspiração para sua ação religiosa e social e afirmava: "Que eu possa imitá-lo na luta e na virtude". E ainda comentava com um amigo:

> Este nome recorda uma figura a mim cara e certamente também a você, que tem em comum comigo os mesmos sentimentos contra os costumes corruptos: a figura do frei Jerônimo Savonarola, de quem eu muito indignamente levo o nome. Admirador fervoroso deste frade, morto santamente na forca, desejei fazer-me terciário, tomando-o como modelo, mas, infelizmente, estou bem distante de imitá-lo.[1]

A escolha de tal nome revelava sua forte fé subversiva e seu desejo de um cristianismo autêntico e profético. Ao desejar ser chamado de frei Jerônimo de Savoranola, também transmitia a mensagem de que, assim como o frei rebelde de Florença, que com sua coragem enfrentou a corrupção dos poderes civis e eclesiásticos de sua época, com sua coerência de vida e seu compromisso político e social, também ele estava disposto a fazer o mesmo, ainda que isso também lhe

[1] Frassati, L. *Pier Giorgio Frassati: I giorni della sua vita*. Roma: Ed. Studium. 2019, 95-96.

custasse sua "cabeça". A partir de então, várias de suas cartas passariam a ser assinadas com seu "novo nome de religioso: frei Jerônimo Savonarola.

Em 1919, nascia em Roma o Partido Popular Italiano (PPI), por inspiração do Padre Luigi Sturzo, como resposta democrática tanto ao Comunismo quanto ao Fascismo, para promover a justiça social e a defesa dos valores cristãos. Com valores fortemente democráticos, o partido se opunha a toda forma de totalitarismo. Defendia também a liberdade religiosa e os direitos civis. Desse modo, o PPI tornava-se, concretamente, uma tentativa de ser presença católica na vida política italiana.

Nesse contexto, Pior Giorgio Frassati, profundamente engajado nos problemas sociais de sua época, identificou-se com a proposta e inscreveu-se no Partido Popular Italiano (PPI). Dessa maneira o jovem, com nobres ideais, gastaria os poucos anos de sua juventude que lhe restavam, envolvido intimamente com o sonho de tantos outros jovens de, por meio da militância política, aliviar os sofrimentos de seu povo. Ele entrou para o Partido Popular também porque acreditava que não existisse na época outra organização política na qual pudesse confiar.

Assim Pier Giorgio se transformava em um verdadeiro militante cristão e político. Sua irmã Luciana Frassati assim afirmou: "Ele se inscreveu no Partido Popular, por isso, daquele momento em diante, sua política não foi outra coisa que uma espécie de religião, um aspecto de sua fé e de sua esperança". E, mais ainda, continuou Luciana: "Na linha de frente de sua atividade pública, estava a batalha contínua e intransigente contra todas as formas de opressão. Comigo, às vezes, brincava sobre os dirigentes de seu partido: 'Para aquele enviaremos naftalina para que se conserve mais'. Tratava-se de Miglioli, um líder que era simpático a Pier Giorgio, porque apoiava a reforma agrária. De fato, Pier Giorgio dizia por todos os lugares que o Partido Popular daria terra aos agricultores".[2] Embora muitos aspectos dos temas defendidos por Frassati estivessem em sintonia com os ideais comunistas, era muito atento para que não houvesse nenhuma confusão

[2] Frassati, L. *L'impegno sociale e politico di Pier Giorgio*. Roma: A.V.E., 1987, 42.

a respeito. Eram as linhas do Evangelho o único fundamento sobre o qual se pautavam seu ideal de justiça social e seu amor efetivo aos trabalhadores explorados. Ele temia que os católicos, principalmente os estudantes, ao deixar de lado seu compromisso com a justiça do Evangelho, fossem considerados "inferiores aos comunistas"[3]. Nesse sentido, Frassati pode ser considerado um dos primeiros defensores e propagadores da Doutrina Social da Igreja.

Os ideais políticos de Pier Giorgio estavam em contraste com o ambiente liberal de sua família. Seu pai era proprietário do jornal "*La Stampa*", que era um jornal abertamente defensor do liberalismo. Pier Giorgio jamais apoiou seu pai e, quando outros procuravam vinculá-lo aos interesses do senhor Alfredo Frassati, ele dizia, sem meias-palavras, que ele não tinha nada a ver com os negócios de seu pai.

Em contraste com as ideias defendidas pelo jornal liberalista *La Stampa*, Pier Giorgio se vinculou ao jornal *Momento*, que tinha um perfil democrático e alinhado com os ideais cristãos de justiça e a defesa do direito dos trabalhadores, tornando-se seu propagador. Seu pai, ao informar-se da atitude "rebelde" do filho, que preferiu afilhar-se ao jornal concorrente, disse-lhe: "Muito bem, Pier Giorgio. Soube que você é o difusor do jornal *Momento*. Quer dizer que, quando tiver fome, você irá pedir comida no *Momento*".[4]

Luciana Frassati, ao comentar o compromisso político de Pier Giorgio, afirmou:

> As convicções políticas de Pier Giorgio, formadas na peneira de uma compreensão saudável da experiência cristã, conduziam-no decisivamente para um catolicismo de esquerda. O problema da elevação das massas proletárias até uma consciência da fraternidade universal em Jesus Cristo era aquilo que mais se defendia para a constituição de um mundo melhor, o Reino de Deus nesta terra, no qual os ricos primeiramente deveriam abdicar dos próprios privilégios por uma compreensão prática da moral. É por isso que ele justificava o comunismo contra o movimento fascista, cuja prática de violência e cuja política de corrida ao poder pa-

---

[3] Frassati, P. G. *Lettere*. Torino: Effata Editrice, 2019, 155.
[4] Frassati, L. *L'impegno sociale e politico di Pier Giorgio*. Roma: A.V.E., 1987, 122.

> reciam-lhe carente de qualquer exigência espiritual. Enfim, pode parecer estranho ou, pelo menos, retórico que ele, nascido e criado em uma família burguesa e influente, arremessasse-se tão violentamente contra os industriais e contra um governo que claramente se apoiava nos magnatas da finança. Mas é preciso recordar que ele, além de não pretender absolutamente nada para si do patrimônio de seu pai, era desinteressado de seus direitos presentes e futuros. Pier Giorgio tinha muitas vezes declarado em público que, uma vez que entrasse na posse daqueles bens, distribuí-los-ia entre os pobres.[5]

Nesse sentido a mesma irmã Luciana Frassati afirmou que a fé política de Pier Giorgio Frassati era expressão de sua fé religiosa, e seus elementos constitutivos foram a caridade contra a mesquinhez, a luta contra a hipocrisia e o forte sentimento de justiça social. Seu amor pela política jamais o atraiu para a candidatura. A um amigo, uma vez, afirmou: "Para fazer o bem, não precisa ser deputado".[6]

No período entre 1920 e 1923, Pier Giorgio e todos os que defendiam a democracia viveram um profundo sofrimento causado por ideais sociais e políticos frustrados. Começava a se intensificar a progressiva ascensão da ditadura em seu país. Era monstruoso para Frassati ver sua Pátria cair nas mãos de violentos amantes do nacionalismo. Mesmo entre a juventude católica, profundamente dividida em suas convicções políticas e partidárias, houve polarizações radicais. Com o caos político e social, as forças conservadoras estavam mais fortes do que nunca, e tudo isso preparava o terreno para aquele evento, que entraria para a História da Itália com o nome de "marcha sobre Roma", que concederia a coroa e o trono a Benito Mussolini e lançaria o país nas garras do fascismo.

---

[5] Frassati, P. G. *Lettere*. Torino: Effata Editrice, 2019, 119.

[6] Frassati, L. *L'impegno sociale e politico di Pier Giorgio*. Roma: A.V.E., 1987, 78-79.

Um Santo contra o Fascismo

"As violências que, infelizmente, os comunistas
realizaram naqueles países,
pelo menos eram porque tinham um grande ideal, isto é,
aquele de elevar as classes operárias por tantos anos exploradas
por pessoas sem consciência;
mas os fascistas que ideais têm?
O vil dinheiro, pago pelos industriais e, infelizmente,
vergonhosamente pelo nosso governo.
Estes agem somente pelo impulso da moeda
e da desonestidade."
(*São Pier Giorgio Frassati*)

Todas as crenças religiosas serão respeitadas, com especial atenção à dominante, que é o catolicismo; as liberdades estatutárias não serão vulneráveis; a lei será aplicada em qualquer circunstância.

O Estado é forte e demonstrará sua força contra todos, até mesmo contra um possível ilegalismo fascista, pois seria um ilegalismo inconsciente e impuro que não teria mais justificativa.

Qualquer um que se levantar contra o Estado será punido. Esse apelo explícito se dirige a todos os cidadãos, e sei que deve soar particularmente agradável aos ouvidos dos fascistas, que lutaram e venceram para ter um Estado que se impõe a todos, digo todos, com a necessária energia inexorável.

Exigimos plenos poderes porque queremos assumir total responsabilidade. Sem poderes plenos, os senhores sabem muito bem que não

> se faria uma lira – eu digo uma lira – de economia. Com isso, não pretendemos excluir a possibilidade de colaborações voluntárias, que aceitaremos cordialmente, sejam elas de deputados, senadores ou indivíduos competentes. Cada um de nós tem um sentimento religioso de nossa difícil tarefa. O país nos conforta e nos aguarda.
>
> Propusemo-nos a disciplinar a nação e daremos a ela disciplina. Que nenhum dos adversários de ontem, de hoje ou de amanhã se iluda com a brevidade de nossa passagem pelo poder.
>
> Ilusão tão pueril e tola quanto a de ontem. Nosso governo tem bases formidáveis na consciência da nação e é apoiado pelas melhores e mais frescas gerações italianas.
>
> Roma, 16 de novembro de 1922
>
> Benito Mussolini.[1]

Sobre esse discurso, dias depois, Pier Giorgio descreveria sua revolta por meio de uma carta endereçada a seu amigo Tonino:

> Eu dei uma olhada no discurso de Mussolini, e todo o sangue fervia em minhas veias: acredite, eu fiquei realmente desiludido com o comportamento verdadeiramente vergonhoso dos populares. Onde está o belo projeto? Onde está a fé que anima nossos homens? Infelizmente, quando se trata de subir para as honras deste mundo, os homens pisoteiam a própria consciência.
>
> Hoje, mais do que nunca, com relutância, devemos reconhecer que o poeta cristão Dante, infelizmente, tinha e ainda tem razão quando exclamava:
>
> "Ah! Serva Itália, da aflição morada!
> Nau sem timoneiro em pego tormentoso
> Não mulher de província, mas de um bordel!"[2]

---

[1] Mussolini. B. Trecho do "Discorso del Bivacco", pronunciado por Benito Mussolini. 16 nov. 1922.

[2] Frassati, P. G. *Lettere*. Torino: Effata Editrice, 2019, 141.

Essas palavras revelam não somente a indignação do jovem Frassati, mas sua profunda tristeza por seu país, por seu povo, que, a partir daquele momento, estava nas mãos de um ditador e de sua ideologia nefasta. É interessante notar que, pelo menos em um primeiro momento, Mussolini não se opôs ao catolicismo. Muito pelo contrário, propôs-se a protegê-lo. Por que, então, o jovem católico fervoroso Pier Giorgio não se contentou com seu discurso? Mussolini foi considerado, até mesmo por muitos católicos, um verdadeiro Messias, um enviado dos céus para combater o comunismo. Então, poderíamos nos perguntar: por qual razão Pier Giorgio não apoiou esse líder, que concedia privilégios à Igreja e parecia ser tão diferente daqueles ditos comunistas que pretendiam abertamente acabar com a Religião?

Pier Giorgio não era nada ingênuo. O jovem, com sua lucidez cristã e formação política, sabia identificar naquele discurso, aparentemente inofensivo ao cristianismo, a presença da perversidade de alguém capaz de usar palavras bonitas simplesmente para impor sua sede insaciável e autoritária de poder. Frassati, embora naquele momento estivesse em Berlim, seguia bem de perto a situação de seu país e afirmava com palavras fortes:

> Acredite como aqui se está bem. Onde estamos tranquilos porque estamos distantes de nosso pobre país, caído nas mãos de um bando de canalhas.[3]

A ascensão do Partido Nacional Fascista, como costuma acontecer com os regimes totalitários, deu-se diante de um contexto de crise política e econômica, na Itália. Benito Mussolini aproveitou a situação para mobilizar seus apoiadores e tomar o poder. Desse modo, entre os dias 27 e 29 de outubro de 1922, aconteceu a chamada "Marcha sobre Roma", que marcaria a história do país. A ideia dessa marcha era invadir a cidade e, por meio do apoio popular, demonstrar o poder do movimento fascista. O então Rei Vittorio Emanuele III, temendo que o uso da força

[3] A expressão utilizada é forte, e sua irmã Luciana Frassati comentou que, para entender o irmão, é preciso ter presente que Pier Giorgio tinha um espírito impetuoso e combativo contra o mal. Frassati previa – e de fato assim seria – que a Itália estava se preparando para um longo período de obscurantismo moral e de corrupção dos costumes.

contra o movimento pudesse gerar uma guerra civil, convocou Mussolini para fazer parte do governo. Os objetivos da "Marcha" deram certo, e Benito Mussolini foi nomeado o Primeiro-Ministro da Itália. A Marcha para Roma deu início à implementação da ditadura fascista, que se concretizaria com o golpe de Estado, em 1925. Desde então, seriam implementadas políticas autoritárias, nacionalistas e expansionistas, sob o comando de Benito Mussolini, que durariam, pelo menos, 20 anos.

Pier Giorgio, mesmo antes da chegada de Benito Mussolini ao poder, já conhecia muito bem as perversões da doutrina fascista e temia que o movimento se expandisse e conquistasse o apoio popular necessário. O termo "fascismo" provém do Latim: "*fascio*" (feixe, em português), que na Roma antiga representava o poder, a autoridade do Estado. O movimento fascista de Mussolini tinha como parte de sua ideologia o totalitarismo, o nacionalismo extremo, o militarismo e a violência, a rejeição ao pluralismo político e, entre outros aspectos, o culto a um líder supremo e a sua personalidade. Por isso o jovem Frassati, coerente com os valores de sua fé, opunha-se a tal ideologia, assumindo-se como um católico militante, que estava disposto a combater frontalmente qualquer movimento ou sistema de ideias, que se opusesse aos princípios da justiça e da liberdade de seu povo.

Tinha esperança de que os grupos juvenis católicos lutassem com todas as forças pelo ideal da vida social cristã e, assim, fossem coerentes com os valores do Evangelho, em sua pátria. Esperava que o Partido Popular Italiano (PPI) pudesse colocar um freio consistente nas tendências fascistas. Mas, muitas vezes, mostrou-se insatisfeito com o próprio grupo estudantil, do qual fazia parte, e com seu Partido. Principalmente quando percebia a infiltração de ideias conservadoras e contrárias aos direitos dos agricultores e operários:

> Eu li a ordem do dia (do PPI) e considerei um grave erro aquele de esquecer a agricultura por meio da qual a Itália será reconstruída.

E acrescentava:

> Para nosso grupo estudantil, este ano, precisamos de um presidente enérgico e que seja de esquerda. [...] Esperamos em Deus

> que possamos encontrar um presidente que porte a bandeira do "Cesare Balbo", ao lado dos operários e dos agricultores, na luta pela Fé, sempre pensando no lema de Constantino "In hoc Signo Vinces". Tendo no coração esta segurança, não hesite lançar o círculo nas lutas mais difíceis.[4]

Pier Giorgio tinha o sonho de conseguir para seu povo aquilo que denominava "Pax Romana", em referência ao período de tranquilidade e paz que o Império Romano viveu, entre os séculos I e II. Era profundamente convicto da importância da união de todos os estudantes católicos para alcançar tal fim. Desse modo, participou do X Congresso Nacional da FUCI (Federação Universitária Católica) e do 1º Congresso Pax Romana, que, naquele ano de 1921, ocorreu em Ravena. Após o Congresso, seguiu com todos os participantes para Roma, a fim de receber a bênção do Papa e realizar um ato de resistência pacífica contra as forças fascistas, que estavam em plena ascensão.

Após receberem a bênção, os estudantes decidiram prosseguir até o Altar da Pátria, localizado na Piazza Venezia, onde se encontra o monumento do soldado desconhecido, em homenagem a todos os soldados mortos e desconhecidos durante a Primeira Guerra Mundial. Durante o percurso, realizado com "Vivas ao Papa!" e com suas bandeiras nas mãos, em sinal de protesto contra o autoritarismo fascista, a confusão aconteceu. Muitos fascistas começaram a provocá-los e avançar contra os estudantes. Policiais armados e montados em seus cavalos impuseram bloqueios para impedir que a manifestação continuasse sequestrando suas bandeiras e reprimindo a multidão de estudantes. Os universitários reagiram com a força que tinham, para defender com afinco seu direito de protestar.

Ao fim da confusão, muitos estudantes acabaram retidos. Entre eles, estava Pier Giorgio. Muitos deles estavam feridos, com suas roupas rasgadas e com cortes pelo corpo que sangrava. Em um dado momento, naquele confronto com os policiais, um dos estudantes, que ainda resistia com uma bandeira em mãos, foi obrigado a entregá-la a

[4] Frassati, P.G. *Lettere*. Torino: Effata Editrice, 2019, 83.

um policial sob ameaças de ser torturado. Pier Giorgio, para impedir que seu colega fosse castigado, gritou o nome de seu pai e revelou ser filho do Senador Alfredo Frassati. Naquele momento, houve uma mudança na ação violenta dos policiais, e os estudantes não continuaram a sofrer as autoritárias e violentas ações da parte dos policiais. A Frassati foi oferecida a liberdade. Mas ele se recusou a deixar o local, até que seus companheiros também fossem libertos com ele.

Aquela situação inesperada deixou os jovens muito assustados e muitos choravam. Pier Giorgio, que os consolava, ajoelhou-se ao lado de um sacerdote maltratado, tomou o Rosário em uma das mãos e convidou todos para rezarem dizendo: "Por nós e por aqueles que nos maltrataram". E, na outra mão, sustentava a bandeira de seu grupo estudantil.

Orar era a única consolação de Pier Giorgio para alcançar a esperança nesses momentos difíceis:

> A oração é a nobre súplica, que nós elevamos ao trono de Deus; é o meio mais eficaz para receber de Deus a graça de que necessitamos e especialmente a força da perseverança, nestes tempos, no qual o ódio dos filhos do demônio se desencadeia furioso sobre as ovelhas fiéis do rebanho.[5]

Com a ascensão cada vez mais evidente do movimento fascista e do grande apoio popular que recebia, seus amigos lhe pediram prudência em suas manifestações. Mas ninguém conseguia convencê-lo de desistir de seus protestos. Frassati, na calada da noite, saía pelas ruas de Turim para fixar cartazes com frases antifascistas. Aos conselhos temerosos de seus amigos, que lhe pediam não continuar com essa atitude, ele respondia: "Devo ir e irei, quem deve temer não é quem está sendo oprimido, mas quem usa da prepotência"; e ainda lhes dizia: "Quando Deus está conosco, não há o que temer".

Uma das situações que mais deixava Pier Giorgio consternado era o apoio que o fascismo recebia por parte de católicos. Se olharmos

[5] Frassati, P.G. *Lettere*. Torino: Effata Editrice, 2019, 175.

tanto para o passado como para a atualidade, observaremos que a instrumentalização da religião sempre foi uma ótima estratégia para líderes tiranos, messiânicos e populistas chegarem ao poder. Napoleão mesmo compreendeu essa estratégia e chegou a afirmar que até poderia governar sem Deus, mas jamais sem o apoio dos bispos. Com Mussolini, a estratégia não foi diferente:

> De fato, Mussolini se serviu da religião e, em particular, do catolicismo para aplainar sua estrada ao poder, apresentando-se aos italianos como o restaurador dos valores religiosos tradicionais. Na véspera de sua ascensão ao poder, em seu primeiro discurso à Câmara, para conquistar as massas católicas e para conquistar a confiança da Hierarquia, disse que "a tradição latina e imperial de Roma hoje é representada pelo catolicismo" e, acabando as palavras, como bom orador que era, afirmou que "a única ideia universal que hoje existe em Roma é aquela que irradia do Vaticano". Chegando ao poder, continuou a cortejar a Igreja, concedendo-lhe privilégios e acolhendo os pedidos apresentados pela autoridade eclesiástica. Ele afirmou que desejava fazer do catolicismo um dos pilares da vida nacional, porque a religião – disse no primeiro aniversário da Marcha para Roma (28 de outubro de 1923) – "é patrimônio sacro dos povos".[6]

Pier Giorgio não se deixou enganar pelos aparentes apoios do Fascismo de Mussolini à Igreja. Para ele uma coisa era muito clara: ninguém pode ser católico e fascista, ao mesmo tempo. Para ele qualquer aproximação ou sinal de apoio, da parte dos católicos, ao movimento fascista era um gravíssimo erro, uma "profanação". Ele aparentava ter mais discernimento do que algumas autoridades eclesiásticas de sua época. Assim afirmou em uma carta enviada a seu amigo Tonino, em junho de 1923:

> Faz um bom tempo que não te escrevo, porque sinto náuseas com os vários eventos que aconteceram na Itália, nestes últimos dias.

[6] Sale, G. *La Chiesa di Mussolini: I rapporti tra fascismo e religione*. Milano: Rizzoli, 2011, 14.

> Você viu o órgão da Catedral de Borgo S. Donnino tocar a marcha Real e o hino da Juventude, enquanto o presidente do Conselho visitava a igreja? Precisamos de um bom fígado para suportar esta profanação com hinos semelhantes no templo, na casa de Deus onde, no Tabernáculo, está realmente Nosso Senhor Jesus Cristo. E, depois, você viu o que fizeram os fascistas de Turim? Eu tenho uma só esperança na Providência, que dará à Itália, esperamos, tempos melhores. Mas tenho medo de que esses males sejam castigos enviados de Deus para descontar todos os nossos pecados.[7]

Em outra carta, escreveu a um amigo indignado com um tal "Centro Católico", que oferecia formações políticas de cunho conservador para apoiar o regime fascista:

> Você viu que nojento aquilo do Centro Católico? Como é possível chamar-se católico um partido que apoia um governo que não tem nem moral, ou seja, que fez de sua moralidade o assassinato e o roubo? Bem respondeu "Il popolo" aos ex populares: "Nós somos antifascistas".[8]

Ele ficou muito enfurecido também quando viu parte de seu próprio grupo estudantil envolvido em homenagens a Mussolini e ao fascismo, que costumava chamar de "flagelo da Itália". Não tolerando tal situação, ele imediatamente escreveu ao dirigente do grupo, pedindo sua demissão:

> Estou realmente indignado porque você expôs a bandeira, que tantas vezes, ainda que indigno, eu levei nas procissões religiosas; do balcão para render homenagem àquele (Mussolini) que desfaz as Obras pias, que não coloca um freio aos fascistas e deixa que sejam mortos os ministros de Deus como Pe. Minzoni[9] etc., e deixa que façam outras porcarias, e busca encobrir esses delitos

---

[7] Frassati, P. G. *Lettere*. Torino: Effata Editrice, 2019, 168.
[8] Idem, 232.
[9] O Pe. Minzoni, aqui citado pelo jovem santo, foi torturado e morto por fascistas, juntamente com um jovem colaborador, por se opor aos desmandos do fascismo, em 1923. Seu processo de beatificação segue em andamento.

> com o fato de colocar crucifixo nas escolas etc. Eu assumi toda a responsabilidade e tirei a bandeira infelizmente tarde e agora lhe comunico minhas demissões irrevogáveis".[10]

Cerca de duas semanas depois, retirou sua demissão para evitar mal-entendidos contra o dirigente de seu grupo. Mas sempre protestou com veemência contra a homenagem com bandeira, que o dirigente do grupo havia feito a Mussolini.

Até mesmo no jornal "Momento", antes propagado por Pier Giorgio, começaram a ser publicados textos pró-fascistas. A indignação de Pier Giorgio foi total. Em uma carta enviada a um amigo sacerdote, ele insistiu: "Boicote o 'Momento', que antes era católico e hoje é um jornal imundo".[11]

Um dos momentos mais dramáticos da militância política antifascista de Frassati foi a invasão de sua casa pelos fanáticos do regime. Ao amigo Tonino descreveu, em junho de 1924, o acontecimento com palavras muito fortes:

> Escrevo-lhe para que fique tranquilo: você irá ler no jornal que ontem tivemos uma pequena devastação em casa, por parte dos porcos fascistas. Foi um empreendimento de covardes, mas nada mais do que isso. Estávamos tranquilamente à mesa e era em torno das 12h45, quando ouvi a campainha tocar. Mariscia correu para ver quem era e viu da janela um jovem bem-vestido; então, acreditando que fosse um amigo meu, abriu um pouco a porta. Ele imediatamente perguntou se estava em casa o "Comendador Frassati"; com a resposta negativa, ele abriu porta e gritando "Avançar" entrou em casa, junto a outros cinco.
>
> Nós comíamos, tranquilamente, quando ouvimos o grito de Mariscia. No primeiro momento, pensei que fossem ladrões, mas depois apenas cheguei à antessala e vi uma tentativa de desconectar o recebedor do telefone. Percebi imediatamente que eram fascistas, e então, em minhas veias, o sangue, naquele instante, correu mais acelerado. Precipitei-me sobre aquele canalha, ao grito de

[10] Idem, 191.
[11] Idem, 269.

malandros, covardes e assassinos, e dei-lhe um soco. Covardemente, logo que os vigaristas ouviram a voz de um homem, seguiram para a porta de casa e fugiram apressadamente para fora, perseguidos por mim e por Ítalo. Fora encontraram um automóvel que esperava por eles. No entanto conseguiram quebrar 2 espelhos. Depois foi um vai e vem de comissários, policiais, investigadores, Procurador do Rei etc. Demasiado tarde agora, acredito que não ousarão nunca mais, até porque prenderam Mariotti, um dos chefes daquele grupo de assassinos.

São pessoas sem pudor. Depois dos fatos de Roma, não deveriam mais mostrar-se e sim envergonhar-se de serem fascistas, em vez de continuarem a dar mostras do que eles sempre foram e serão.

Agora são os últimos feitos, os feitos da agonia, porque até o momento é tão podre o governo, que, se não intervierem imediatamente os cirurgiões a retirar a parte dominada pelo tumor cancerígeno, não haverá mais a esperança de salvar nem mesmo uma pequena parte. Nós, sortudos, hoje podemos nos gloriar e nos gabar pelo fato de termos estado sempre contra esse partido, formado por uma associação de delinquentes, ladrões, assassinos e idiotas, em poucas palavras, o fascismo agora.

E agora me despeço. Eu desabafei com você minha alma, porque sei que pensa como eu. Deixo-te, gritando:

W (Viva) Matteotti. W a liberdade

W a Democracia Cristã

M M(abaixo) às tiranias.

Pier Giorgio.[12]

[12] Idem, 213-214.

Os Últimos Dias

"Estou esperando a cada dia de armar-me de uma vontade,
que me dê forças para concluir meu último esforço;
porque estou próximo de recolher aquilo que semeei."
(*São Pier Giorgio Frassati*)

Jovem, moreno, alto, costas largas; no rosto, longas sobrancelhas e grandes olhos pretos, plenos de expressão; nariz aquilino e a boca regular, que se abria em sorrisos, ostentando seus dentes branquíssimos. Corria o mês de julho, e Pier Giorgio, aos 24 anos, estava na flor da idade, com seu belo aspecto físico e aparentemente saudável, com as experiências da vida, com suas paixões e seus ideais juvenis ainda a conquistar. Estava prestes a concluir seu curso universitário e, enfim, conquistar seu tão sonhado diploma de engenheiro de mineração, pelo qual tinha se esforçado tanto. Mas, na verdade, seus dias chegavam ao fim.

A doença que ceifaria sua vida era aquela que, em sua época, carecia de vacina adequada e levaria à morte principalmente as crianças. Pier Giorgio estava com uma poliomielite em estágio avançado. A doença dos inocentes. Provavelmente, contraiu-a enquanto se dedicava a visitar os pobres e enfermos nas periferias de Turim. O jovem nunca havia dado a devida atenção aos sintomas e costumava descansar muito pouco, o que, provavelmente, contribuiu para agravar ainda mais sua situação.

> Em seu escritório, tudo estava organizado: sobre a mesa uma carta com a data de 1º de julho, com uma de suas recomendações habituais. Pier Giorgio estava doente, tinha dores insuportáveis nas costas e era forçado a levantar-se para encontrar a morte em outro quarto: faziam-lhe rezar pela avó a oração dos agonizantes, enquanto ele mesmo agonizava.[1]

Seus últimos dias foram extremamente difíceis não somente no sentido das dores físicas, mas também daquelas causadas pela indiferença que sofria, por parte de seus familiares. Ninguém se ocupou dele. Sua amada irmã Luciana, que morava na Polônia, acompanhava de longe o irmão e avisava constantemente sua mãe sobre os frequentes sintomas de febre e vômito, que Pier Giorgio lhe comunicava sofrer. Mas a senhora Adelaide, atormentada pelos problemas de seu divórcio e com a doença agravada da avó de Pier Giorgio, não lhe deu a devida atenção.

Seus últimos passos foram dedicados a sua avó. No dia 1º de julho, mesmo incapacitado, foi até a paróquia para pedir a um sacerdote que ministrasse a unção dos enfermos para a avó agonizante. Depois, voltou para a cama e passou um dia inteiro na dor e na solidão. No início da noite, foi chamado para se despedir da avó, a quem estimava muito. De pijama, cheio de dores e ainda mais magro, apresentou-se no quarto da avó, diante de todos. Naquela mesma noite, ela faleceu.

A família, ocupada com os funerais, ainda cobria Pier Giorgio de maltratos. Sua mãe, olhando para o filho doente, disse-lhe: "Parece impossível, quando precisamos de você, sempre desaparece". A dona Adelaide ainda não sabia que o filho havia caído três vezes, enquanto se dirigia para rezar pela avó, e que somente conseguiu chegar porque agarrou-se às muretas do corredor. Ela ainda ignorava que o filho havia passado toda a noite sozinho e rolando de dor. Pier Giorgio não respondeu à infeliz declaração da mãe. Voltou em silêncio para seu quarto, localizado bem ao lado do quarto dela, onde tinha estado na tentativa de conseguir um pouco de sua proteção e

[1] Frassati, L. *Pier Giorgio Frassati*: I giorni della sua vita. Roma: Ed. Studium, 2019, 148.

seu afeto. Mas "tudo passou despercebido", recordou com tristeza a irmã Luciana. Tudo foi oculto pela vontade de Pier Giorgio de "não causar incômodo a ninguém".

Na manhã seguinte, quinta-feira, Pier Giorgio estava já paralisado, e ninguém em sua casa sabia. Sua mãe, que ignorava completamente a situação do filho e permanecia em casa mais porque estava cansada do que para atender o filho doente, chegou a comentar com alguém: "Pier Giorgio poderia ter escolhido um momento melhor para ficar doente".

> Mas ninguém se esforçou por conhecê-lo, nem mesmo nossa mãe, a quem Pier Giorgio olhava com grande ternura e talvez com desesperada piedade. Ela não pensou nunca em conhecer, por exemplo, o verdadeiro motivo pelo qual ele estava sempre atrasado para as refeições, às quais chegava aparentemente cansado: retornava para casa correndo, para economizar o dinheiro do trem, e chegava tão suado que devia mudar a camisa, antes de se sentar à mesa. A seu "desculpe, mãe, se estou atrasado", fazia eco uma reprovação que basicamente significava: "Você que, no fundo, não é bom em nada, poderia pelo menos ser pontual".[2]

Durante o funeral da avó, enquanto depositavam o caixão no túmulo, uma chamada telefônica trazia a notícia que apressou a conclusão da triste cerimônia: "Pier Giorgio estava em uma situação gravíssima". Era sexta-feira, a hora em que Pier Giorgio costumava visitar os pobres. Aquela notícia logo se espalhou por todas as partes: famílias, amigos dos grupos estudantis, principalmente seu amado círculo "Cesare Balbo", igrejas e conventos. Muitas foram as iniciativas de orações por ele. Naquela mesma manhã, sabendo que a morte se aproximava dele, Pier Giorgio se confessou.

Era tarde demais para mantê-lo com vida. Os melhores médicos, que foram chamados para tentar salvar a vida do jovem Pier Giorgio Frassati, não dispunham naquele momento do raríssimo soro antipólio. E as tentativas terapêuticas realizadas pelos médicos não foram

[2] Idem, 74.

suficientes. A última noite de Pier Giorgio foi suportada entre aqueles médicos estranhos. Uma freira, percebendo que o jovem estava já agonizando, ajudou-o a fazer o último sinal da cruz, enquanto Pier Giorgio, angustiado, repetia: "Deus me perdoará? Deus me perdoará?" Às quatro da manhã, recebeu a unção dos enfermos e faleceu.

Comovente é a descrição de Luciana Frassati, a respeito do que ocorreu, naquela manhã de 4 de julho, em sua casa:

> Em casa, permanecemos com a sensação de nos encontrarmos, pela primeira vez diante de algo irremediável e, ao mesmo tempo, demasiado grande para entender, enquanto as portas começavam a abrir-se para deixar passar rostos novos, desconhecidos, como foi a vida de Pier Giorgio. Mamãe tentou ainda impedir a entrada deles, não entendendo ainda que estava começando a acontecer a revelação da grandeza de seu filho. Com minha insistência, ela deixou-os entrar. A torrente de gente, calada, os rostos rígidos, ou banhados de lágrimas, subiam até ele e o tocavam, como uma relíquia diante de nós, que por anos o tínhamos ignorado. Daqueles desconhecidos recebíamos a maior lição. [...]

E, durante o cortejo funerário, a irmã observava:

> A improvisada corrida dos jovens atrás do carro, que prosseguia veloz com o caixão, como que quase para impedi-lo, desde a Crocetta até o Bellese, assumia o símbolo do renascer da vida de Pier Giorgio.[3]

[3] Frassati, L. *Pier Giorgio Frassati. I giorni della sua vita*. Roma: Ed. Studium. 2019, 155.

Os Papas e "o Jovem das oito Bem-Aventuranças"

"Você me pergunta se eu sou feliz; como não poderia ser? Até que minha fé continue a me dar forças serei sempre alegre. Todo católico não pode não ser alegre: a tristeza deve ser banida das almas católicas; a dor não é motivo para a tristeza, que é a pior de todas as enfermidades. Esta enfermidade é quase sempre produzida pelo ateísmo. Mas o fim para o qual somos criados nos indica que, em nossa estrada, existem também muitos espinhos. Porém, ainda que no caminho encontremos a tristeza: é alegre mesmo através da dor."[1]

(*São Pier Giorgio Frassati*)

Makarios é a palavra grega que, ao ser traduzida para o português, significa feliz, abençoado ou bem-aventurado. O significado de bem-aventurança, segundo Evangelho, está muito além de ser simplesmente um estado de ânimo, ou seja, de contentamento, ou mesmo de alegria. Ser bem-aventurado, de acordo com o Evangelho, significa, sim, ser feliz, mas com uma razão muito mais profunda. Ou seja, tal dádiva se dá por alguém pertencer à História da Salvação, por saber que participa da herança destinada aos eleitos de Deus. O bem-aventurado é, de fato, um verdadeiro abençoado. Para o povo hebraico tal realidade era reconhecida por meio de sinais concretos. Isto é, uma pessoa era considerada feliz somente se em sua vida e em sua família houvesse, de modo especial, três aspectos: a longevidade, a fortuna e a descendência numerosa. Porém Jesus subverte totalmente essa concepção. Para o Mestre felizes

[1] Frassati, L. *Pier Giorgio Frassati*: I giorni della sua vita. Roma: Ed. Studium, 2019, 131.

e bem-aventurados são aqueles que, mesmo vivendo em situações de dificuldade, como a fome, o pranto, a injustiça e a perseguição, colocam sua esperança unicamente no Pai dos Céus. É Jesus mesmo o modelo mais perfeito de Bem-aventurado.

São João Paulo II foi um profundo admirador de Pier Giorgio, desde que era um jovem padre. Foi ele quem nomeou Frassati como "o jovem das oito bem-aventuranças". Sua jovialidade e sua alegria, seu gosto pelo esporte, sua fé extraordinária, conectada ao compromisso de justiça social e amor aos pobres, entusiasmaram o jovem padre Karol Wojtyla. Quando se tornou Papa, foi decisiva sua atuação para a aceleração do processo de beatificação de Frassati.

São João Paulo II, ao longo de seu pontificado, também deu uma preciosa contribuição para o desenvolvimento da Doutrina Social da Igreja, principalmente por meio de seus discursos e suas encíclicas sociais. Nas várias vezes em que esteve no Brasil, o Papa foi insistente com os presidentes para que pusessem seu olhar sobre os pobres e, particularmente, impulsionassem a reforma agrária. Em 1986, durante a visita ao presidente José Sarney, o Papa, diante dos jornalistas, disse de modo firme e contundente: "Não pode fracassar a reforma agrária no Brasil!" E, quando um dos repórteres lhe perguntou o porquê, o Papa respondeu: "Por quê? Porque é um problema de justiça social!"[2] Nesse sentido a paixão de Frassati pela defesa dos direitos dos trabalhadores[3] e pela reforma agrária, certamente, contribuiu para que João Paulo II se sentisse tão identificado com o jovem das "oito bem-aventuranças".

Mesmo antes dele, o Papa Paulo VI demonstrava muito apreço à figura de Frassati. O então jovem Montini, contemporâneo a Frassati, também, em sua juventude, participava da Federação Universitária Católica (FUCI) e, como todos os "fucini", nutria grande admiração

---

[2] Entrevista ao Papa João Paulo II, exibida durante o Jornal Nacional, na Rede Globo de televisão, em 1986.

[3] Vale destacar que a terceira Encíclica publicada pelo Papa João Paulo II, em 14 de setembro de 1981, foi a *Laborem Exercens: sobre o trabalho humano*, na qual, além de tocar temas cruciais sobre a realidade trabalhista, o Papa defende os direitos e a proteção dos trabalhadores contra os abusos do capitalismo.

por Pier Giorgio. E foi exatamente o Papa Paulo VI quem retomou seu processo de Beatificação.

> Em 1932, o futuro Paulo VI, em visita a Turim, no sétimo aniversário da morte de Frassati, falando diante de uma multidão de estudantes católicos reunidos na igreja *Crocetta*, frequentada pelo jovem, questionou: "Por que a figura de Pier Giorgio é um grande conforto para nós? O que viam aqueles que olhavam para ele de fora?" Para responder a essa pergunta, era preciso olhar para toda a sua vida, porque, explicou Montini, na época, "antes de verem que ele tinha uma mente santa, viram que ele tinha uma mente forte. Viram que ele era um homem", em cuja força não havia bravata, nem extravagância juvenil, mas perfeição interior. "Rico nessa força, Pier Giorgio é moderno e jovem", e sua figura podia falar a todos os jovens, não apenas àqueles que haviam sido seus contemporâneos. "Um dia, talvez", Montini previu naquele julho de 1932, transformando seu discurso em um diálogo com Pier Giorgio e dirigindo-se diretamente a ele, "a Igreja nos dirá que, de fato, tudo lhe vem do poder de Deus".[4]

O Papa João Paulo II, no dia 13 de abril de 1980, durante sua visita pastoral à cidade de Turim, em seu discurso aos jovens, destacou Frassati como modelo a ser seguido com estas belíssimas palavras:

> Pier Giorgio Frassati é a figura mais próxima de nosso tempo (morreu, de fato, em 1925) que nos mostra ao vivo o que significa verdadeiramente para um jovem leigo dar uma resposta concreta ao "Vem e segue-me". Basta passar os olhos, mesmo que rapidamente, por sua vida, gasta no espaço de apenas vinte e quatro anos, para compreender qual foi a resposta que Pier Giorgio soube dar a Jesus Cristo: a resposta de um jovem "moderno", aberto aos problemas da cultura, do esporte (um valente alpinista), às questões sociais, aos verdadeiros valores da vida e, ao mesmo tempo, de um homem profundamente crente, nutrido pela mensagem evangélica, de caráter solidíssimo, apaixonado em servir os

[4] Versace, E. Perché Frassati sarà santo (anche) grazie a Papa Paolo VI. *Avvenire*. 26 nov. 2024.

irmãos e ardendo em um fogo de caridade que o levava a aproximar, segundo uma ordem de precedência absoluta, os pobres e os doentes. [...] Pier Giorgio era um jovem de uma alegria comunicativa, uma alegria que superava também as muitas dificuldades de sua vida, porque o período juvenil é sempre um período de provação das forças. [...] Digo-vos: deveis retornar ao Evangelho. Deveis retornar à escola de Cristo. Transmitireis, depois, esses bens de ordem espiritual: sentido da justiça em todas as relações humanas, e promoção e defesa da paz.[5]

Em 20 de maio de 1990, o mesmo Papa beatificava Pier Giorgio Frassati, proferindo esta belíssima homilia:

"Eu rogarei ao Pai, e ele lhes dará outro Consolador. O Espírito da verdade" (Jo 14,15).

No tempo litúrgico da Páscoa, ao nos aproximarmos do Pentecostes, essas palavras se tornam cada vez mais relevantes. Elas foram ditas por Jesus no cenáculo, no dia anterior a sua paixão, quando ele se despediu dos apóstolos. Sua partida – a partida do amado Mestre por meio da morte e da ressurreição – abre caminho para outro Consolador. O Paráclito virá, graças precisamente à partida redentora de Cristo, que torna possível e inaugura a nova presença misericordiosa de Deus entre os homens. O Espírito da Verdade, que o mundo não vê e não conhece, dá-se a conhecer aos apóstolos, "porque habitará com eles e operará neles" (Jo 14,17). E disso, no dia de Pentecostes, todos se tornarão testemunhas.

O Pentecostes, no entanto, é apenas o começo, pois o Espírito da Verdade vem para permanecer com a Igreja "para sempre", na renovação incessante das gerações futuras. E assim, não apenas aos homens de seu tempo, mas a todos nós e a nossos contemporâneos são dirigidas as palavras do apóstolo Pedro: "Adorem o Senhor, Cristo, em seus corações, sempre prontos a responder a qualquer um que os interrogue sobre a esperança que há em vocês" (1Pd 3,15).

[5] João Paulo II. *Discurso do Papa João Paulo II aos jovens na praça de Santa Maria Auxiliadora*, 13 abr. 1980.

Em nosso século, Pier Giorgio Frassati, a quem, em nome da Igreja, tenho a alegria de proclamar beato hoje, incorporou essas palavras de São Pedro em sua própria vida. O poder do Espírito da verdade, unido a Cristo, fez dele uma testemunha moderna da esperança que brota do Evangelho e da graça da salvação que atua no coração humano. Assim, ele se tornou a testemunha viva e o defensor corajoso dessa esperança, em nome dos jovens cristãos do século XX.

A fé e a caridade, verdadeiras forças motrizes de sua existência, tornaram-no ativo e trabalhador no ambiente onde vivia, na família e na escola, na universidade e na sociedade; transformaram-no em um alegre e entusiasmado apóstolo de Cristo, em um seguidor apaixonado de sua mensagem e de sua caridade.

O segredo de seu zelo apostólico e de sua santidade encontra-se no itinerário ascético e espiritual que ele percorreu; em sua oração, em sua adoração perseverante, mesmo à noite, ao Santíssimo Sacramento; em sua sede da Palavra de Deus, examinada nos textos bíblicos; em sua aceitação serena das dificuldades da vida, mesmo da vida familiar; em sua castidade vivida como uma disciplina hilária e sem concessões; em sua predileção diária pelo silêncio e pela "normalidade" da existência.

É exatamente nesses fatores que descobrimos a fonte profunda de sua vitalidade espiritual. De fato, é por meio da Eucaristia que Cristo comunica seu Espírito; é por meio da escuta de sua Palavra que cresce a prontidão para acolher os outros; e é também por meio da entrega orante à vontade de Deus que as grandes decisões da vida amadurecem. É somente adorando Deus, presente em seu próprio coração, que a pessoa batizada pode responder àqueles que "perguntam a razão da esperança" que está dentro dela. E o jovem Frassati sabe disso, experimenta isso, vive isso. Em sua existência, a fé se funde com a caridade: firme na fé e eficaz na caridade, porque a fé sem obras é morta.

É certo que, em um olhar superficial, o estilo de Pier Giorgio Frassati, um jovem moderno e cheio de vida, não apresenta muito de extraordinário. Mas essa é precisamente a originalidade de sua virtude, que convida à reflexão e estimula a imitação. Nele, a fé e os acontecimentos cotidianos se misturam harmoniosamente, de tal forma que a adesão ao Evangelho se traduz no cuidado amoroso com os pobres e necessitados, em um crescendo contínuo até os últimos dias da doença que o levou à morte. O gosto pela beleza e pela arte, a paixão pelo esporte e pelas montanhas e a atenção aos problemas da sociedade não impediram seu relacionamento constante com o Absoluto.

Tudo imerso no mistério de Deus e tudo dedicado ao serviço constante ao próximo: assim se pode resumir sua jornada terrena! Sua vocação de cristão leigo se concretizou em seus muitos compromissos associativos e políticos, em uma sociedade agitada, indiferente e, às vezes, hostil à Igreja. Com esse espírito, Pier Giorgio foi capaz de dar impulso aos vários movimentos católicos, aos quais aderiu com entusiasmo, mas principalmente à Ação Católica, bem como à FUCI, na qual encontrou um verdadeiro campo de treinamento para a formação cristã e campos propícios para seu apostolado. Na Ação Católica, viveu sua vocação cristã com alegria e orgulho, comprometendo-se a amar Jesus e a ver nele os irmãos que encontrava em seu caminho ou que procurava em lugares de sofrimento, marginalização e abandono, para fazê-los sentir o calor de sua solidariedade humana e o conforto sobrenatural da fé em Cristo.

Morreu jovem, no fim de uma existência curta, mas extraordinariamente rica de frutos espirituais, dirigindo-se "à verdadeira pátria para cantar louvores a Deus".

A celebração de hoje nos convida todos a acolher a mensagem que Pier Giorgio Frassati transmite às pessoas de nosso tempo, especialmente a vocês, jovens, que desejam oferecer uma contribuição concreta de renovação espiritual a este nosso mundo, que, às vezes, parece estar desmoronando e definhando por falta de ideais.

Ele proclama, com seu exemplo, que uma vida conduzida no Espírito de Cristo, o Espírito das Bem-Aventuranças, é "abençoada" e que somente aquele que se torna um "homem das Bem-Aventuranças" é capaz de comunicar amor e paz a seus irmãos. Ele repete que realmente vale a pena sacrificar tudo para servir ao Senhor. Ele testemunha que a santidade é possível para todos e que somente a revolução da caridade pode acender no coração dos homens a esperança de um futuro melhor.

Sim, "maravilhosas são as obras do Senhor. Aclamadas a Deus de toda a terra" (Sl 66,1-3). Os versos do Salmo, que ressoam na liturgia dominical de hoje, são como um eco vivo na alma do jovem Frassati. De fato, é bem sabido o quanto ele amava o mundo criado por Deus!

"Venham e vejam as obras de Deus": este também é um convite que vem de sua alma jovem e é dirigido de modo especial aos jovens.

"Maravilhoso é Deus em seu trabalho para os homens" (Sl 66,5). Maravilhoso é seu agir em favor dos homens! É necessário que os olhos humanos – olhos jovens, olhos sensíveis – saibam admirar as obras de Deus, no mundo externo e visível. É necessário que os olhos da alma saibam se voltar deste mundo externo e visível para o mundo interno e invisível, e assim possam revelar ao homem aquelas dimensões do espírito nas quais se reflete a luz da Palavra, que ilumina todo homem. Nessa luz, o Espírito da verdade trabalha.

Aqui está o homem "interior"! E é assim que Pier Giorgio Frassati aparece para nós. De fato, toda a sua vida parece resumir as palavras de Cristo que encontramos no Evangelho de João: "Se alguém me ama, guardará minha palavra, e meu Pai o amará, e viremos a ele e faremos nele morada" (Jo 14,23).

Ele é o homem "interior" amado pelo Pai, porque ele amou muito! Ele também é o homem de nosso século, o homem moderno, o homem que amou tanto! Não é o amor a coisa mais necessária para nosso século XX, tanto em seu início quanto em seu fim? Não é verdade que apenas isso permanece, sem nunca perder sua validade: o fato de que "amou"?

Ele deixou este mundo jovem, mas deixou sua marca em todo o século, e não apenas neste nosso século. Ele partiu deste mundo, mas, no poder pascal de seu batismo, ele pode repetir a todos, especialmente às jovens gerações de hoje e de amanhã: "Vocês me verão, porque eu vivo, e vocês viverão!" (Jo 14,19).

Essas palavras foram ditas por Jesus Cristo ao se despedir dos apóstolos, antes de enfrentar sua paixão. Gosto de tomá-las da própria boca do novo abençoado, como um convite persuasivo para viver de Cristo, em Cristo. E é um convite que ainda é válido hoje, válido especialmente para os jovens de hoje. Válido para todos nós. Convite válido que Pier Giorgio Frassati nos deixou. Amém.[6]

---

[6] João Paulo II. Beatificação de Pier Giorgio Frassati. Homilia de João Paulo II. 20 maio 1990.

Em 10 de dezembro de 2001, São João Paulo II dirigiu-se aos jovens da Ação Católica dizendo ainda:

> Ser cristão leigo hoje envolve o compromisso de ser santo todos os dias, com alegria e entusiasmo. Antes de vocês, Giorgio Frassati, Alberto Marvelli e, com eles, muitos outros jovens como vocês percorreram esse caminho espiritual. É um compromisso que vocês devem assumir, em primeiro lugar e acima de tudo, por vocês mesmos e por seus amigos, mas também por suas famílias, suas comunidades e, de fato, pelo mundo inteiro.[7]

O Papa Bento XVI também citou várias vezes, em seus discursos, a figura de Frassati. Em sua mensagem, por ocasião da XXVII Jornada Mundial da Juventude, realizada em todas as dioceses do mundo, em 2012, o Papa ressaltou a figura do Beato Pier Giorgio como inspiração aos jovens:

> A resposta pode vir de algumas experiências de jovens como vocês, que encontraram em Cristo a luz capaz de dar força e esperança, mesmo em meio às situações mais difíceis. O Bem-aventurado Pier Giorgio Frassati (1901-1925) passou por muitas provações, em sua breve existência, inclusive uma, relativa a sua vida amorosa, que o feriu profundamente. Precisamente nessa situação, ele escreveu a sua irmã: "Você me pergunta se estou alegre; e como poderia não estar? Enquanto a fé me der forças, estarei sempre alegre! Todo católico não pode deixar de ser alegre... O propósito para o qual somos criados nos mostra o caminho, semeado mesmo que com muitos espinhos, mas não um caminho triste: é alegre, mesmo por meio da dor" (Carta a sua irmã Luciana, Turim, 14 de fevereiro de 1925). E o Bem-aventurado João Paulo II, apresentando-o como modelo, disse dele: "Era um jovem de uma alegria arrebatadora, uma alegria que superou muitas das dificuldades de sua vida" (Discurso aos jovens, Turim, 13 de abril de 1980).[8]

[7] Cf. João Paulo II no website piergiorgiofrassati.net.

[8] Bento XVI. Mensagem do Papa Bento XVI para a XXVII Jornada Mundial da Juventude 2012. 15 mar. 2012.

A afeição do Papa Francisco pela figura de Frassati também pode ser comprovada pelas inúmeras vezes que o citou em seus discursos e documentos. Em sua Mensagem, por ocasião da 29ª JMJ, em 2014, afirmou:

> Mas o que significa "abençoado" (em grego *makarioi*)? Abençoado significa feliz. Diga-me: você realmente almeja a felicidade? Em uma época em que somos atraídos por tantas aparências de felicidade, corremos o risco de nos contentar com pouco, de ter uma ideia "pequena" da vida. Em vez disso, aspirem a grandes coisas! Alarguem seus corações! Como disse o Beato Pier Giorgio Frassati, "viver sem uma fé, sem um ideal a defender, sem sustentar a verdade em uma luta contínua não é ir viver, mas 'ir levando'". Nunca devemos "ir levando", mas viver (Carta a I. Bonini, 27 de fevereiro de 1925). No dia da beatificação de Pier Giorgio Frassati, 20 de maio de 1990, João Paulo II o chamou de "homem das bem-aventuranças".[9]

Durante a Audiência Geral, em 13 de junho de 2018, o Papa ainda afirmou:

> O bem-aventurado Pier Giorgio Frassati, que era jovem, costumava dizer que é preciso viver, e não "ir levando".
>
> Alguns acham que é melhor desligar esse impulso – o impulso de viver – porque ele é perigoso. Gostaria de dizer especialmente aos jovens: nosso pior inimigo não são os problemas concretos, por mais sérios e dramáticos que sejam: o maior perigo na vida é um mau espírito de adaptação que não é mansidão ou humildade, mas mediocridade, pusilanimidade. Um jovem medíocre é ou não um jovem com futuro? Não! Ele fica lá parado, não cresce, não terá sucesso. Mediocridade ou pusilanimidade. Aqueles jovens que têm medo de tudo: "Não, eu sou assim...". Esses jovens não irão adiante. Mansidão, força e nenhuma pusilanimidade, nenhuma mediocridade. O Beato Pier Giorgio Frassati – que era um jovem – costumava dizer que é preciso viver, não "ir vivendo". Os

---

[9] Francisco. Mensagem do Santo Padre Francisco para a XXIX Jornada Mundial da Juventude. 13 abril 2014.

> medíocres "vão vivendo". Vivam com a força da vida. Devemos pedir ao Pai Celestial para os jovens de hoje o dom da inquietação saudável.[10]

Pier Giorgio também foi citado pelo Papa, em sua Exortação Apostólica *Christus Vivit*:

> O Beato Pier Giorgio Frassati, falecido em 1925, "era um jovem de uma alegria avassaladora, uma alegria que superou até mesmo muitas dificuldades em sua vida". Ele disse que queria retribuir o amor de Jesus que recebeu na Comunhão, visitando e ajudando os pobres.[11]

Também em 14 de junho de 2024, em sua saudação no Círculo de São Pedro, quando a notícia da canonização tinha acabado de ser publicada, o Papa lhes disse:

> Lembro-me do Beato Pier Giorgio Frassati – que em breve se tornará santo – que foi às casas dos pobres, em Turim, para levar ajuda. Pier Giorgio era de uma família rica, de classe média alta, mas não cresceu "em algodão", não se perdeu na "boa vida", porque nele havia a seiva do Espírito Santo, havia amor por Jesus e por seus irmãos.[12]

Segundo estava previsto, seria o Papa Francisco quem iria canonizar Pier Giorgio Frassati, mas, com seu falecimento, no dia 21 de abril de 2025, a proclamação da santidade de Pier Giorgio foi transferida para o Papa Leão XIV, que decidiu realizar a cerimônia no dia 7 de setembro de 2025, juntamente com a canonização do beato adolescente, Carlo Acutis. Insondáveis são os desígnios de Deus, mas certamente é providencial que exatamente um Papa que tomou o nome de Leão canonize o jovem das oito bem-aventuranças. Como

---

[10] Francisco. Audiência Geral. 13 junho 2018.
[11] Francisco. Exortação Apostólica *Christus Vivit*. 25 mar. 2019.
[12] Francisco. Discurso do Papa Francisco aos membros do Círculo São Pedro. 24 jun. 2024.

bem sabemos, Leão XIII, conhecido como o Papa da encíclica *Rerum Novarum*, foi o grande inspirador da escolha do nome do atual Papa, Leão XIV. E tocou exatamente a ele a missão de canonizar o jovem santo da fé, do compromisso político e da santidade, que amou e colocou em prática os princípios da encíclica que inaugurou a Doutrina Social da Igreja. Em pouco mais de um mês de seu pontificado, Leão XIV fez questão de citar Pier Giorgio Frassati em sua homilia, durante a Missa da Solenidade da Santíssima Trindade, na qual foi celebrado o jubileu do esporte:

> Não é por acaso que o esporte teve um papel significativo na vida de muitos santos de nosso tempo, tanto como prática pessoal quanto como meio de evangelização. Pensemos no Beato Pier Giorgio Frassati, padroeiro dos esportistas, proclamado santo no dia 7 de setembro. Sua vida, simples e luminosa, recorda-nos que assim como ninguém nasce campeão, ninguém nasce santo. É o treinamento diário do amor que nos aproxima da vitória definitiva (cf. Rm 5,3-5) e nos torna capazes de trabalhar pela construção de um mundo novo.[13]

[13] Leão XIV. Homilia da Solenidade da Santíssima Trindade. 15 Jun. 2025.

Mais Alto do que os Montes: São Pier Giorgio Frassati aos Jovens Católicos de Hoje

"Quando escalamos a montanha, é preciso estar em paz
com a própria consciência, porque não se sabe
nunca se retornaremos.
Mas, apesar disso, eu não me assusto, pelo contrário,
sempre mais desejo escalar os montes,
conquistar os cumes mais altos;
experimentar aquela alegria pura,
que só na montanha se tem."
(*São Pier Giorgio Frassati*)

O Papa Francisco, mesmo diante da debilidade de sua saúde física, abraçada por ele como sua cruz, testemunhou sua profunda e inabalável confiança em Deus e convidou a Igreja, no Ano Jubilar da Esperança, a viver a alegria do Evangelho. Em uma de suas últimas mensagens, escreveu:

> [A alegria] é uma dádiva de Deus – lembremo-nos sempre disso –; não é uma alegria fácil, não vem de soluções cômodas para os problemas, não evita a cruz, mas brota da certeza de que o Senhor nunca nos deixa sozinhos. Eu mesmo experimentei isso, em minha hospitalização e agora neste período de convalescença. A alegria cristã é a confiança em Deus em todas as situações da vida.[1]

[1] Francisco. Mensagem do Santo Padre Francisco aos participantes da II Assembleia Sinodal das Igrejas na Itália. 3 abr. 2025.

Atualmente, como bem sabemos, o mundo vive situações que colocam nossa fé e esperança à prova. Nesse sentido as palavras de Pier Giorgio parecem mais atuais que nunca:

> Os governos de hoje não querem conhecer a advertência do Papa, "a verdadeira Paz é mais fruto de um amor cristão ao próximo que da justiça", e preparam para o futuro novas guerras para toda a humanidade. A sociedade moderna se afunda nas dores das paixões humanas e se distancia de todo ideal de amor e de paz.[2]

Em um domingo, no dia 29 de julho de 1923, Pier Giorgio fez um discurso aos jovens pertencentes ao grupo estudantil "*Giovane Pollone*", durante a bênção da bandeira do grupo. Com suas palavras concluímos esta Biografia. Elas foram – e ainda são – um convite com palavras cheias da unção do Espírito que "o jovem das oito bem-aventuranças" nos faz. Trata-se de um comovente, lúcido e maravilhoso discurso que nos convoca a nos lançarmos, com todas as nossas forças e esperanças, nos braços d'Aquele no qual tudo podemos e em tudo nos fortalece.

Deixemos que as palavras de Pier Giorgio, com sua voz mansa e, ao mesmo tempo, firme e decidida, ressoem em nossos ouvidos, no coração e nos inflame com aquele mesmo amor por Jesus, pela Igreja, pelos pobres, que ardia no coração do apóstolo das oito bem-aventuranças:

> "Jovens,
>
> Hoje, o ministro de Deus abençoou a bandeira de vocês. Invocou a bênção celestial sobre vocês, para que cada um pudesse ser digno desse estandarte e defendê-lo contra todas as insídias.
>
> Porque, ó jovens, isso representa o símbolo de uma doutrina divina, que foi levada por Jesus para nossa redenção.
>
> Jovens, eu vejo sobre a bandeira de vocês o lema "Oração, Ação e Sacrifício"; são três palavras que sintetizam todo um vastíssimo itinerário para sua realização, que necessitam de nossas energias e daquelas das gerações que virão.

---

[2] Frassati, P.G. *Lettere*. Torino: Effata Editrice, 2019, 156-157.

A oração é a nobre súplica, que nós elevamos ao trono de Deus, ela é o meio mais eficaz para alcançar de Deus as graças de que necessitamos e especialmente a força da perseverança nestes tempos, nos quais o ódio dos filhos do demônio se desencadeia furioso sobre as ovelhas fiéis do rebanho.

Ao recomendar a vocês a fervorosa oração, eu conto com todas as práticas de piedade, antes de todas a Santíssima Eucaristia.

E, pensando no Apóstolo da Eucaristia, o Santo Padre o Papa Pio X, de venerada memória, eu lhes exorto com todas as forças da alma a se aproximar o máximo possível da Mesa Eucarística. Alimentem-se desse Pão dos Anjos e dele obterão forças para combater as lutas internas, as lutas contra as paixões e contra todas as adversidades, porque Jesus Cristo prometeu àqueles que se alimentam da Santíssima Eucaristia a Vida Eterna e as Graças necessárias para obtê-la.

E, quando estiverem totalmente consumidos por esse Fogo Eucarístico, então poderão mais conscientemente agradecer ao Senhor Deus, que os chamou para fazer parte de sua fileira, e desfrutarão daquela paz, que os felizes segundo o mundo nunca experimentaram, porque a verdadeira felicidade, ó jovens, não consiste nos prazeres do mundo e nas coisas terrenas, mas na paz da consciência, a qual se tem somente se somos puros de coração e de mente.

Depois de ter fortificado nosso espírito na esperança, com suma dedicação às obras de piedade, e, após ter examinado intensamente as questões que nos inquietam, então poderemos nos lançar ao apostolado. E distinguimos três apostolados.

Antes de tudo, está o apostolado do exemplo de vida. Nós católicos devemos fazer com que toda a nossa vida seja pautada pela lei moral cristã. Depois, o apostolado da caridade. Devemos ir em direção àqueles que sofrem e dar-lhes conforto, em meio aos desgraçados e dizer-lhes uma boa palavra, porque a religião católica tem por base a caridade, que não é outra coisa senão o mais perfeito Amor.

O apóstolo São Paulo diz "a caridade de Cristo nos impele" e, sem este fogo, que pouco a pouco deve destruir nosso individualismo para palpitar somente pelo sofrimento dos outros, não seremos cristãos nem mesmo católicos.

Enfim, o apostolado da persuasão é um dos mais belos e necessários. Aproximem, ó jovens, de seus companheiros de trabalho que vivem distantes da Igreja e passam as horas livres não em entretenimentos saudáveis, mas nos vícios. Aconselhem esses jovens infelizes a seguir as veredas do Senhor, polvilhados de muitos espinhos, mas também de muitas rosas.

Mas, ainda que cada um de vocês possuísse no mais alto grau todos esses talentos, mas não tivesse, em abundância, o espírito de sacrifício, não seria um bom católico. Nós devemos em tudo e por tudo sacrificar: nossas ambições e tudo o que somos pela causa da Fé.

Para que seja cristã, nossa vida deve ser uma contínua renúncia, um sacrifício permanente que, porém, não pesa quando somente se pensa no significado destes poucos anos passados na dor, diante da eternidade feliz, onde a alegria não terá medidas nem fim, onde desfrutaremos de uma paz que não podemos imaginar. Então, jovens, apreendam o que é o sacrifício com Nosso Senhor Jesus Cristo. Ele, que, para apagar nossos terríveis pecados, imolou-se como Vítima Inocente no Calvário e renova, cada dia, em todas as partes do mundo, na Santa Missa, esse admirável Sacrifício.

A partir de hoje, vocês entraram para fazer parte da grande família da "Juventude Católica Italiana": sintam-se privilegiados pelo lugar que o Senhor, em sua Bondade, confiou-lhes.

Os tempos que nós atravessamos são difíceis, porque as perseguições contra a Igreja são furiosas e cruéis, mas vocês, jovens ousados e bons, não se assustem por estas coisas e tenham presente que a Igreja, instituição divina, não pode acabar, durará até o fim do mundo e nem "as portas do inferno prevalecerão contra ela". Então preservem imaculada esta branca bandeira e defendam-na, se amanhã se apresentarem ocasiões para isso, porque de agora em diante ela é sagrada: esta não somente representa o grupo de vocês, mas é patrimônio de nossa Itália e do mundo civil.

E, ao encerrar essas pobres palavras, deixem que eu grite com vocês:

Viva Jesus Cristo!

Viva o Papa!

Pier Giorgio Frassati.[3]

---

[3] Frassati, P.G. *Lettere*. Torino: Effata Editrice, 2019, 175-177.

Epílogo

Neste momento da história, ler e refletir a vida de Pier Giorgio Frassati emociona, compromete e dignifica a vida humana. Santo, jovem e comprometido com os pobres, os abandonados, os indesejáveis e com a clareza de ser antifascista, tornou-se cercado de uma honra e beleza que este mundo não é capaz de entender. Suas escolhas o fizeram viver de maneira conflitiva, ser rejeitado e ridicularizado. Foram os mais pobres os que o acolheram e o amaram.

Jesus o amou no amor dos pobres e abandonados. Frassati buscou vivenciar o amor considerado inútil. O próprio pai o considerou um inútil e o desprezou. Poucos o entenderam e aliaram-se a ele. Sua vida foi tecida de solidariedade solitária em um mundo meritocrático e individualista.

Reconhecê-lo santo é um ato de coragem e rebeldia diante deste sistema econômico capitalista neoliberal que, como profeticamente denunciou o Papa Francisco: mata! Seu nome como leigo dominicano, Girolamo Savonarola, é um grito profético pelo "Bem comum". As divisões na sociedade e na Igreja, durante a ascensão do fascismo, na Itália, fizeram Pier Giogio sofrer dores semelhantes àquelas da força e do fogo que destruíram seu confrade Savonarola em 1498, na cidade de Florença. Concluir essa história dramática, conflitiva e desafiadora me faz reverenciar a memória desse santo antifascista, servidor dos pobres, que eucaristizou sua vida na dor e no amor.

Pensar e orar com Pier Giorgio me faz chorar, tremer de emoção e superar o medo de enfrentar e de amar. Diante do neofascismo que nos assola e ameaça, São Pier Giorgio Frassati, rogai por nós.

Verso l'Alto! Sempre!

Pe. Júlio Lancellotti

Bibliografia

Bento XVI, Carta Encíclica *Deus Caritas est*. 25 dez. 2005. Disponível em: https://www.vatican.va/content/benedict-xvi/pt/encyclicals/documents/hf_ben-xvi_enc_20051225_deus-caritas-est.html. Acesso em 27.3.2025.

__________. Mensagem do Papa Bento XVI para a XXVII Jornada Mundial da Juventude 2012. 15 mar. 2012. Disponível em: https://www.vatican.va/content/benedict-xvi/pt/messages/youth/documents/hf_ben-xvi_mes_20120315_youth.html. Acesso em 25.3.2025.

Carta a Diogneto. Cap. 5-6; Funk 1, 317-321. Disponível em: https://www.vatican.va/spirit/documents/spirit_20010522_diogneto_it.html. Acesso em 4.4.2025.

Delboni, C. Solidão: se é uma epidemia mundial, como evitar que adolescentes sofram da doença? *Estadão*. 11 set. 2023. Disponível em: https://www.estadao.com.br/emais/carolina-delboni/solidao-se-e-uma-epidemia-mundial-como-evitar-que-adolescentes-sofram-da-doenca/?srsltid=AfmBOopD-KnokNMHGQzTnhe-qS-1Hu4fb4D-zmy8m461p3ajtXK8lFhc0. Acesso em 28.3.2025.

Francisco. Mensagem do Santo Padre Francisco para a XXIX Jornada Mundial da Juventude. 13 abr. 2014. Disponível em: https://www.vatican.va/content/francesco/pt/messages/youth/documents/papa-francesco_20140121_messaggio-giovani_2014.html. Acesso em 1.4.2025.

__________. Audiência Geral. 13 junho 2018. Disponível em: https://www.vatican.va/content/francesco/pt/audiences/2018/documents/papa-francesco_20180613_udienza-generale.html. Acesso em 26.3.20025.

__________. Exortação Apostólica *Christus Vivit*. 25 mar. 2019. Disponível em: https://www.vatican.va/content/francesco/it/

apost_exhortations/documents/papa-francesco_esortazione-ap_20190325_christus-vivit.html. Acesso em 29.3.2025.

__________. Discurso do Papa Francisco aos membros do Círculo São Pedro. 24 jun. 2024. Disponível em: https://www.vatican.va/content/francesco/pt/speeches/2024/june/documents/20240624-circolo-san-pietro.html. Acesso em 30.3.2025.

__________. *Spera*. Milano: Mondadori. 2025.

__________. Mensagem do Santo Padre Francisco aos participantes da II Assembleia Sinodal das Igrejas na Itália. 3 abr. 2025. https://www.vatican.va/content/francesco/it/messages/pont-messages/2025/documents/20250328-messaggio-assemblea-chiese.html. Acesso em 4.4.2025.

Franguelli, B. *Amor a delivery*: sobre o analfabetismo sentimental e erótico. São Paulo: Loyola. 2024.

__________. "Pedro Casaldáliga: La profezia di un Pastore Poeta" in: La Civiltà Cattolica, 2022, III.

Frassati, L. *Mio fratello Pier Giorgio*: La fede. Lido di Roma: Paoline, 1954.

________. *L'impegno sociale e politico di Pier Giorgio*. Roma: A.V.E., 1987.

________. *Mio Fratello Pier Giorgio*: La caritá. Torino: Effata Editrice, 2013.

________. *Pier Giorgio Frassati*: I giorni della sua vita. Roma: Ed. Studium, 2019.

Frassati, P.G. *Lettere*. Torino: Effata Editrice, 2019.

João Paulo II. *Discurso do Papa João Paulo II aos jovens na praça de Santa Maria Auxiliadora*, 13 abr. 1980. Disponível em: https://www.vatican.va/content/john-paul-ii/pt/speeches/1980/april/documents/hf_jp-ii_spe_19800413_torino-giovani.html. Acesso em 1.4.2025.

____________. Beatificação de Pier Giorgio Frassati. Homilia de João Paulo II. 20 maio 1990. Disponível em: https://www.vatican.va/content/john-paul-ii/it/homilies/1990/documents/hf_jp-ii_hom_19900520_beatificaz-frassati.html. Acesso em 2.4.2025.

____________. João Paulo II in: https://piergiorgiofrassati.net/i-papi-e-pier-giorgio/giovanni-paolo-ii. Acesso em 30.3.2025.

Leão XIII. *Carta Encíclica Rerum Novarum sobre a condição dos operários*. 1891.

Leão XIV. *Homilia da Solenidade da Santíssima Trindade*. 15 Jun. 2025. In: https://www.vatican.va/content/leo-xiv/pt/homilies/2025/documents/20250615-omelia-giubileo-sport.html. Acesso em 25.06.2025.

Mussolini, B. "Discorso del Bivacco". Disponível em: https://storia.camera.it/regno/lavori/leg26/sed188.pdf. Acesso em 1.4.2025.

Ronchi, E. *I baci non dati*. Milano: Paoline, 2007.

Sale, G. *La Chiesa di Mussolini: I rapporti tra fascismo e religione*. Milano: Rizzoli. 2011.

Soto Posada, G. [2018]. *Introducción y notas a De contemptu mundi sive de miseria conditionis humanae*. Libri tres. *Revista Cuestiones Teológicas*, 45(103), 179-254.

Versace, E. Perché Frassati sarà santo (anche) grazie a Papa Paolo VI. *Avvenire*. 26 nov. 2024. Disponível em: https://www.avvenire.it/chiesa/pagine/alle-radici-della-santita-di-frassati-forza-didio#:~:text=Hanno%20visto%20ch'era%20un,-che%20gli%20erano%20stati%20contemporanei. Acesso em 2.4.2025.

Índice